變革與合作

中國參與聯合國維和行動之研究

李俊毅・著

謹將本書獻給

我敬愛的外祖父

前高雄市議會議長　孫土池先生

與我的父親　李太明先生、
　　母親　孫淑瑜女士

致謝辭

　　時光荏苒，四年已逝。猶記得 2004 年暑假剛到淡江的景象，而今鳳凰花再度綻放，已是我即將告別淡江校園的時刻。這四年中雖然南北奔波，又經歷服役期間，但是求學過程所吸取的知識，認識的同學、朋友與老師，豐富了我的人生、提升了我的閱歷，這些都將是永難忘懷的。

　　能順利完成本書，首先要感謝林中斌教授的指導。役畢後回到校園開始選修老師的課，老師流利的英語令人印象深刻，同時讓我在課堂中學習到許多寶貴的研究方法與態度。課業之餘多次與老師交換古典音樂心得，又承蒙老師與師母多次招待，能在淡江接受老師的指導是這段時間最大的收穫之一。雖說將來並沒有往學術發展的規劃，但能跟隨老師做研究，學習老師的治學態度，實屬榮幸與感念，非常謝謝老師兩年來的指導!!

　　同時也要感謝戰略所的許智偉老師、施正權老師、李大中老師、王高成老師，歐研所的郭秋慶老師、蔡政文老師以及美研所的陳一新老師。尤其是陳老師在課堂中所要求的大量原文書閱讀，使我在回到學校後能在短期間提升英文閱讀能力，對論文的寫作與課業研究有極大助益。此外台大政治系的楊永明老師百忙之中在口頭上給予本書內容諸多指導，於此特別致上最大的謝意。

　　一些老朋友們，顯宇、德衍、子文學長、東穎、欣潔、國書學弟、佳青、嘉琦、敬翔、曉眉、世佳學弟、乃云學妹、士棻、士訓、子耗、邵瑛、子謙、政達、昭慶、全毅、文順、伊真、昱廷，感謝

你們長久以來的關心。也感謝憲兵軍樂排的長志、家錦、聖峰、宏明、永昱、盈蒼、宗仁、君豪、皓閔、朝閔、世明，謝謝大家陪伴我走過那一年三個月的軍旅生涯。

　　這四年在淡江認識了許多朋友，因為有了你們在生活中的陪伴，使我更快樂也更有自信。首先要特別感謝圖書館的家卉學姊，四年來不論是在資料找尋或是平常生活上，妳的協助與關心讓我得到如家人般的溫暖。也要感謝美研所的蒿堯學長、建邦、亞欣、佳年，歐研所的奕喆、芸萱學妹、冠中學弟，拉美所的漢智學長，東南亞所的州倫，西語所的嘉文學妹，管科所的鈺鈞、孟吟、玫瑛、哲源，公行系的采葳學妹，德文系的函勳學妹。當然還有戰略所的大家庭，感謝所助理子鈴學姊四年來的協助與辛勞，以及家哲學長、永樂學長、宜晉學長、昊昌學長對我的照顧，欣容、瓊慧、孟樺、翊達、庭蔚、柏彥、麗心、政峰、育宏、聖翔、紹輝、孟哲、永翰學弟、肇威學弟、曉雲學妹、光宇學弟、奕圻學弟對我的關心。我更要誠摯感謝這段時間中伴我走過許多低潮的育寬、幸枝、引珊學妹、Ilkay Ata、知銘，沒有你們時時的鼓勵且平復我的心情，本書一定無法如期完成並出版，你們是本書的幕後英雄阿!!

　　最後，親人們的鼓勵更是我完成學業與寫作的最大支柱。首先要感謝我的外祖父，因為他的經驗分享使我自小即對政治產生興趣，也對國家大事保有一定的關注與責任，是我在唸完法律後決定轉向研究國際政治的主要原因。身為公務員的父親在工作中負責嚴謹的態度，是我生活中言行舉止的標竿，對我產生了潛移默化的影響。本身是國中英文老師的母親，自小提供良好的學習環境，為我的英文打下了扎實的基礎，也鼓勵我聆聽古典音樂，使我在心靈上能得到撫慰與沉澱。母親與弟弟俊廷在這段期間時常以宗教的力量

為我禱告，讓我更能體會「謀事在人，成事在天」的道理。即使期望是一種壓力，但慶幸家人們給予我許多包容與祝福，很高興能順利完成本書並將這份成果與他們分享。

　　回首這段過程，有許多出現在生命中的人需要感謝。縱使偶有不為外人道的孤寂感，但你們的陪伴與支持是我度過這段時間最大的動力，這份心中的感動是言語無法形容的。即使無法與布拉姆斯用了二十一年才完成的第一號交響曲相比較，但終曲那磅礴燦爛由小調轉為大調的旋律，著實描繪出了由黑暗邁向光明的景象，就如同目前這份如釋重負並滿懷感恩的心情。美好的一仗已經打過，而一個階段的結束代表了另一個階段的開始。勉勵自己能再接再厲，也祝福我的好友們能在人生的目標上共同勇敢往前邁進。

　　　　　　　　　　　　　　俊毅　2008/12/20　于淡水

推薦序

（一）

　　隨著中國的迅速崛起與轉變，其對外的行為也在改變之中，最明顯的變化之一便是近年來對國際事務的參與增加。包括聯合國、世界貿易組織、上海合作組織、及東亞高峰會議等，北京均積極的參與，並在其中扮演積極的角色。

　　中國之所以積極的參與各項國際組織，有其現實與理想層面的考量。首先，在改革開放前，北京與國際社會長期隔絕，認為多數的國際組織係控制在美國領導的西方陣營手中，也反映了其理念與利益，中國如果參加，將受其束縛。但是隨著中國的經濟推進，與國際社會的互動增加，再也難以走回過去封閉孤立的道路，與國際組織的交往是勢在必行。其次，隨著中國國力的日益增強，對國際事務的影響力大幅提昇，也包括在國際組織中所扮演的角色。北京發現國際組織不僅不是對其羈絆的事物，反而可以借力使力，加以運用以增進國家利益。第三，國際組織有一定的目標與規範，中國可藉此以約束美國的單邊與霸權主義的行為。第四，台灣近年來也積極努力參與各項國際組織，中國如果在其中扮演重要的角色，將可成功地阻擋台灣的參與，避免在國際間形成兩個中國或一中一台的現象。第五，中國藉由積極參與各項國際組織，並遵守其規定，將可塑造中國的正面國際形象，在其崛起之際發展軟國力與影響力。第六，在理想主義的層面上，增加聯合國在國際維和的作用，

可強化國際制度與法律的約束力量,不僅有助於國際和平的維持,也可降低國際武力與單邊主義的行使。

中國近年來積極地參與聯合國的維和行動(peacekeeping),便是一個明顯的在國際事務中扮演重要角色的例子,也值得加以研究。本書作者李俊毅先生,便以此一主題為例,深入地加以研究剖析。

本書有幾項優點:

第一、作者在書中運用了國際建制(international regime)理論、維和行動的演變、與中國當前的國際戰略三項因素以分析此一議題,使本書具有紮實的理論基礎與完整的分析架構。

第二、作者在書中也分析了冷戰前後國際維和任務性質的轉變,從冷戰時代避免衝突的擴大而導致美蘇兩大強權的戰爭,到後冷戰時期介入國家內部的衝突,進行人道的救援,從原有的和平維持任務,擴大到預防外交(preventive diplomacy)、和平建立(peacemaking)與和平締造(peacebuilding)。由此也可以看出國際衝突與在冷戰後的變化,聯合國角色的轉變,與對於國際與區域政治發展的影響。

第三、作者在書中整理出中國自 1971 年至 2008 年的在聯合國投票與參與記錄,並加以量化與質化的分析,指出其參與的發展趨勢與行為模式,使讀者能清楚瞭解中國在改革開放前後的國際參與的變化情形。

第四、作者在書中也分析了中國參與聯合國維和行動的實踐作為,與所遭遇的限制與困難,由此可進一步分析中國在維和行動中的實質貢獻,並瞭解當前聯合國維和任務的功能,與評估未來中國在國際維和上可能的發展模式。

　　因此，本書對於後冷戰時期聯合國角色的轉變，與中國在國際參與行為的變化，均有深入的分析，並且理論與實證兼具，值得對於有意瞭解此一主題的一般讀者與研究人士詳加閱讀。

淡江大學國際事務與戰略研究所所長

王高成

推薦序

（二）

　　中共給人的印像是好戰的。從 1950 越界打韓戰到 1996 年台海打飛彈，人民解放軍與週邊國家至少有八次的軍事行動。但是之後，似乎突然間，中共積極參與聯合國維持和平的行動。這是怎麼一回事？

　　本書作者李俊毅先生即是以這樣的主題為出發點，帶領讀者就中國在參與維和行動及安理會投票行為上有了完整的認識。

　　隨著近年經濟實力的大幅提升，中國在國際社會上的地位已非同日可語，其中在展現軟實力的面向上尤其不遺餘力。在中國逐漸「崛起」同時，其與國際社會之接觸及互動關係格外受到矚目。

　　中國與國際經貿秩序的接軌一直是許多研究者關注的焦點，而自從中國加入世界貿易組織以來，這方面的探討更是多不勝數；中國與區域間國際組織的互動，如在上海合作組織的作為、與東協國家的關係也是不少人著墨之處。然而自從中國在 1971 年加入聯合國後，其在聯合國中的表現，尤其是與安全事務相關的維和行動與安理會投票行為，一直乏人問津。直至近年中國涉足非洲事務甚深並在蘇丹達佛危機爆發後，中國在維和行動上的參與才開始引起研究者的目光。綜觀國外的相關研究大多都是篇幅不長的期刊文章居多，國內更是還未出現完整探討的專書。

　　作者首先分別以國際建制理論、維和行動本身的演變以及中國國際戰略的發展作為研究途徑，次而描述中國參與聯合國的歷程、自

1971 年以來中國參與維和行動之情形、投票行為、參與原因分析以及所遭遇的困難，而後再將事實發展套用前述三項研究途徑，評估中國未來可能的參與情形。其中，作者在整理出中國的參與過程時，還發現了 2000 年前後中國作為與態度的變化：「在兩個不同時期中分別看中國的實際參與行為與投票行為，可以發現其中的相對現象。中國的實際參與行為 2000 年之後比 1999 年以前的複雜的多，而投票行為則是 1999 年以前比 2000 年之後複雜的多，此也不失為一種有趣的現象。」

　　本書除了就事實面的質化與量化陳述外，作者同時兼顧理論分析及中國未來參與模式之預測，並且由廣泛面切入特定主題後再回到宏觀面的回顧，除了帶給讀者關於維和行動方面詳盡的介紹外，也討論了這些作為在中國近期外交總體計畫中所具有的意義，可謂事實、理論、總體觀察皆無偏廢，值得關心中國外交政策、維和行動演變、中國在聯合國角色等議題的讀者閱讀及參考。

淡江大學國際事務與戰略研究所教授

林中斌

目　次

圖表目錄

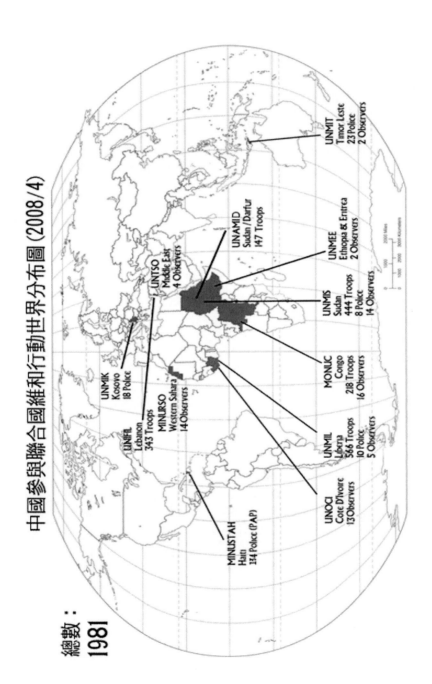

中國參與聯合國維和行動世界分布圖 (2008/4)

總數：1981

- UNMIT Timor Leste 23 Police 2 Observers
- UNAMID Sudan / Darfur 147 Troops
- UNMEE Ethiopia & Eritrea 2 Observers
- UNTSO Middle East 4 Observers
- UNMIS Sudan 444 Troops 8 Police 14 Observers
- UNMIK Kosovo 18 Police
- MONUC Congo 218 Troops 16 Observers
- UNIFIL Lebanon 343 Troops
- MINURSO Western Sahara 14 Observers
- UNMIL Liberia 566 Troops 10 Police 5 Observers
- UNOCI Cote D'Ivoire 13 Observers
- MINUSTAH Haiti 134 Police (PAP)

第一章 緒論

安理會決議是「支持美國武裝侵略，干涉朝鮮內政和破壞世界和平的」。安理會與聯合國秘書長「放棄自己維護世界和平的職責，並成為順從美國政府政策的工具」。

——周恩來　1950 年 7 月 6 日

中方支持加強聯合國維和行動能力，歡迎秘書長關於建立戰略儲備、成立維和民警待命安排的建議。希望秘書處根據聯大維和特別委員會的要求，對建議的諸多方面予以細化和澄清。建立新機制需要進行謹慎、周密的研究，確保其可行性、有效性，整合資源，量力而行，並充分發揮現有機制的潛力。

——《中國關於聯合國改革問題的立場文件》2005 年 6 月 7 日

是什麼樣的事實發展與原因，使得中國在五十五年後對聯合國維和行動有如此之大的認知差距？

第一節　研究動機與目的

以下說明本書的研究動機與目的，做為以下論述之基礎：

一、研究動機

中國因為其物質上的條件，一直被視為是國際上的「大國」，在國際體系中也常常被認為是其中的「一極」。從這些觀點可以看出大多數人對中國在國際上地位的重視。20 世紀 80 年代之前，中國因為內部的動盪以及外部的侵擾使其國力無法完整呈現。之後經過鄧小平推行的改革開放以及經濟大幅度成長後，中國的崛起又開始吸引了世界的目光。然而隨著前蘇聯的瓦解及兩極體系出現變化，國際情勢產生另一波的新趨勢，越來越多的國家採納自由化經濟政策，全球化（globalization）運動正在影響全世界各個國家的地位與能力[1]。但是國家尚未消亡，總體來說政府的活動並未隨著全球化而縮小，一些國家在某些情況下比過去還擁有了更多的權力[2]。

全球化時代，國際關係傳統上由西發利亞條約後所形成的民族國家體系正在悄然轉變，國家所擁有的主權絕對不可侵犯權力已漸漸由有限度的主權觀念所取代，相互依賴的現象逐漸加深且大範圍全球公共問題的出現一再挑戰傳統的主權至上原則[3]。中國在 1980 年代之前對世界的認知是西發利亞體系，因此在開始與轉變中的世界接觸時，難免會以其過去停留的觀念來看待正在變化中的世界而會發出不平之鳴，會認為其應保有對主權的最高原則；也因為受到西方侵略的歷史而會懷疑西方並因此長時間以「第

---

[1] Paul Hirst and Graham Thompson, *Globalization in Question: the International Economy and the Possibilities of Governance*(MA: Blackwell Publishers, 1999).

[2] 紀登斯（Anthony Giddens）著、鄭武國譯，**第三條路：社會民主的更新**（台北：聯經出版事業公司，1999 年），頁 37。

[3] 蘇長和，〈世界政治的轉換與中國外交研究中的問題〉，**教學與研究**，2005 年 11 期，頁 32-33。

三世界大國」自居，因此中國與國際社會在過去一段時間常讓人有著一種衝撞的印象，也有一種「以弱者自居但又為弱者發聲」的印象。然而由事實發展來看，中國並未因此而放棄與世界的接觸，也不以第三世界國家自居而滿足，反倒是隨著中國經濟的成長越來越活躍而加速與世界的融合並越來越受國際社會所影響。如 2006 年中國開始禁止活體解剖與器官買賣；同年 7 月在核武問題上譴責伊朗與北韓；同年 10 月譴責前述兩國進行的核子試爆行為；同時間也禁止境內各省下級法院宣布死刑判決；2007 年 2 月為避免與蘇丹問題畫上等號，胡錦濤出訪非洲時刻意繞道辛巴威；同年 4 月說服蘇丹接受聯合國的維和部隊進駐；同時也對輸出的藥物食品進行管制。

　　事實發展證明，研究當前中國的對外作為不可避免的將會觸及到中國融入世界並與世界接觸後之發展軌跡及其思想變化，同時此一研究主題也提供未來研究中國國際行為的基礎。簡言之，中國與國際社會的關係不只是未來中國外交之重點，也會在往後一段時間持續影響全球與中國本身。這些發展再再顯示中國越來越重視國際社會對其觀感，這樣的現象除了讓筆者開始重新檢視對中國外交政策的評估，也激起了筆者的研究動機。

二、研究目的

　　承襲上述研究動機之內容，筆者希望藉由中國與國際社會互動漸趨頻繁之際，嘗試了解這樣的狀況下中國對外行為所出現的變化。因此本書的研究目的是為了探討中國在逐漸擺脫傳統西發利亞體系的國家主權觀後如何去自行調適以及與國際社會接軌，

並且討論最終是什麼原因讓中國從原本排斥與害怕國際社會而轉變成對國際社會的接納,甚至明確表達在其未來的對外行為政策中主要方向之一就是「要積極參與多邊外交活動,充分發揮在聯合國以及其他國際組織中的作用」[4]。

　　筆者以上述論點為基礎,選定中國近年積極參與的聯合國維和行動作為探討此一主題的切入點,本書也將試圖整理出中國在參與維和行動中,包含實際參與行為以及投票行為兩大部分,逐漸轉變其態度過程間所代表的意義。總而言之,筆者以國際環境的變化為基礎,並選定中國參與聯合國維和行動為例,在本書中欲達到的研究目的有:

1. 了解中國由過去至今參與國際建制與聯合國的歷程;
2. 了解中國參與聯合國維和行動之過程,及其在參與過程中的行為與態度轉變;
3. 解釋中國參與維和行動過程中行為與態度轉變之原因;
4. 以理論、內外部等因素來分析中國參與維和行動過程中,行為及態度轉變的根本考量。

第二節　名詞釋意

　　本書中有一些名詞必須先作定義上的界定,以免讀者混淆及困擾。

---

[4]　〈江澤民於中國共產黨第十五屆黨代表大會中的報告內容:高舉鄧小平理論偉大旗幟,把建設有中國特色的社會主義事業全面推向二十一世紀〉,**中央電視台**,1997 年 9 月 19 日。
http://big5.cctv.com/special/777/1/51883.html(2008/3/23 查詢)

一、國際建制

此部分筆者將說明國際建制的定義與類似名詞的區別。

（一）定義

針對國際建制，後續的內容中筆者會列出四種不同定義，在此先將最普遍被接受的定義舉出，使讀者有大概的了解。Stephen Krasner 認為國際建制是「某一特定問題領域裡，由行為者之期望匯聚而成的一套潛在或明顯的原則（principles）、規範（norms）、規則（rules）與決策程序（decision-making procedures）」[5]。（implicit and explicit principles, norms, rules and decision-making procedures around which actors' expectations converge in a given area of international relations）而原則是指對事實，因果與公正的信念（belief），規範是指行為標準的權利與義務，規則是指對行為的指示或禁止，決策程序則是創造與供應集體選擇的流行慣例。

（二）國際建制與國際制度（international institution）及國際組織（international organization）的比較

國際建制與國際制度常常會有令人混淆的狀況發生，相較之下國際建制與國際組織的差異性就明顯許多。為了在本書之後的內容中確立三者的差別，故特此將三者概念加以分別說明。

---

[5] Stephen Krasner, "Structural Causes and Regime Consequences: Regimes as Intervening Variables," in Stephen Krasner, ed., *International Regimes*(Ithaca: Cornell University Press, 1983), p. 2.

1. 國際建制與國際制度的差異

Keohane 對於國際制度下了這樣的定義:「國際制度是規範行為角色、限制活動和形成期望的一系列持續並相關連的正式與非正式規則。」[6]（institutions are defined as persistent and connected sets of rules, formal and informal that prescribe behavioral roles, constrain activity, and shapes expectations）他同時指出國際制度包含了正式的政府間或跨國間組織、國際建制與國際慣例[7],可見國際制度的概念範圍是較國際建制來得廣的。學者 Stephen Haggard 和 Beth A. Simmons 認為國際建制必須與範圍較廣的制度作區別,因為國際建制是將國際間常規性期望的部分加以制度化,但是諸如權力平衡這樣的國際制度卻不需具備明顯的權利義務與規則[8]。換言之,此兩者是有差異的。學者 Oran Young 亦抱持相同看法,他認為建制治理（govern）行為體之間在特定領域問題上的互動關係,而制度則是指導（guide）行為體在特定領域問題上的互動關係[9]。

然而即使有上述幾個例子顯示兩者的差異性,但就像前述國際建制定義的爭議一般,也是有學者認為國際建制與國際制度是相同的,應該看作是同一概念[10]。

---

[6] Robert O. Keohane, *International Institution and State Power: Essays in International Relations Theory*(Boulder: Westview Press, 1989), p. 3.

[7] Robert O. Keohane, "The Analysis of International Regimes: Towards a European-American Research Programme," in Volker Rittberger, ed., *Regime Theory and International Relations*(Oxford: Clarendon Press, 1993), p. 28.

[8] Stephen Haggard and Beth A. Simmons, "Theories of International Regimes," *International Organization*, v41, n3. Summer 1987, pp. 495-496.

[9] Oran Young, "Global Environmental Change and International Governance," *Millennium: Journal of International Studies*, v19, n3, 1990, pp. 337、339、344.

[10] Andreas Hasenclever, Peter Mayer and Volker Rittberger, *Theories of International Regimes*(Cambridge: Cambridge University Press, 1997), p. 10.

2. 國際建制與國際組織的差異

國際建制與國際組織間的概念差異就明顯許多了。建制如前之定義所述是一系列的原則、規範、規則與決策程序，其本身不具有行動力，組織則有能力對事件做出必要反應，差別只在不同組織的能力有所不同罷了，而多數情況下國際建制需要有國際組織的搭配與支持才能運作[11]。換句話說，國際組織一般包含於某一國際建制之中，是該建制發展成熟的標誌，同時也是國際建制得以維護、鞏固及進一步發展的重要條件[12]。

由上所述可以綜合得到一些心得：在國際社會的一定期望形成的過程及結果，不論是成文或不成文，皆是國際制度的表現。而這樣廣泛的現象經過一定程度的制度化後就會逐漸形成國際建制，且產生國際建制定義中的四個要件特徵。至於在實踐面上，國際建制則是需要輔以國際組織的行動能力，始得實行建制之精神與原始立意。以下的關係是筆者對於上述概念的簡單整理：

互賴產生⇒合作的期望達成⇒國家間尋求建立一套原則、規範、規則與決策程序⇒國際建制成立⇒合作的誘因增大⇒建立國際組織以實踐國際建制之精神

⇒上述整體就是國際制度

二、維和行動

聯合國維持和平行動（peace-keeping operation, PKO 以下簡稱維和行動）泛指聯合國（United Nation, UN）依據安全理事會（UN

---

[11] *Ibid*.

[12] 曾立仁，〈從國際建制的規範析論國際反恐合作：以上海合作組織為例〉，<u>東海大學政治研究所碩士論文</u>，2006 年 6 月，頁 21。

Security Council，以下簡稱安理會）決議向衝突區域派遣多國軍事人員與非軍事人員組成的部隊或觀察團，以監督停火協議或恢復與維護和平的一種行動，而主要由軍事人員組成的部隊又稱為維和部隊（peace-keeping forces, PKF），此係聯合國對於維護國際和平與安全的一項重要創舉貢獻。

傳統上聯合國針對維護國際和平之作為有許多分類，非只有維和行動一種，而是視情況所需由安理會作出程度不等的授權而決定行動中的成員與部署。以下大致將聯合國和平行動依行動目的、法理依據、聯合國立場以及武力使用程度分為五大種類（如表 1 所示）：[13]

（一）和平觀察任務（peace observation）

主要是在衝突區域內監督所達成協議之落實並建立衝突雙方之信心（confidence-building）。其任務包含監督停火協議、選舉情形、促進民主以及提供後勤支援。其基礎是取得雙方之同意，並站在中立之立場。觀察任務通常不配備武力，即使有也只用來自我防衛。

（二）預防部署（preventive deployment）

主要是提供緩衝，為了避免可能擴大的武裝衝突發生。此類任務同樣需取得雙方之同意並保持中立，預防部署的人員通常會配備武力，但同樣只能用來自我防衛。

---

[13] George E. Little, "Serving the National Interest or the National Identity? Explaining Member State Participation in the United Nations Peace Operation," ***PhD Dissertation of Graduate School of Arts and Science of Georgetown University***, May 2000, pp. 46-50. 在此筆者係指和平行動，維和行動只是其中一項。且這部分提到的是傳統定義的維和行動，目的是先在名詞釋意中給讀者一個概括概念，有關於近期的維和行動演變，筆者將於第二章中說明。

（三）維和行動（peacekeeping）

一旦交戰雙方達成停火協議，此類行動就會作為中立的緩衝區部署於其間，並需取得雙方之同意。行動人員通常配備武力，但同樣只能用來自我防衛。

（四）選擇性強制武力（selective enforcement）

此類任務乃安理會基於要在衝突區域內達成特定目標而授權的。根據憲章第七章之規定，安理會得以採用外交、經濟或軍事手段回應對於和平之威脅、破壞與侵略之行動[14]。此類行動之特點在於任務人員得以採用強迫性（coerce）方式以達成特殊的強制性目標，例如建立飛航管制區或是武器禁運。因此聯合國在這類行動中並不是中立的，且因為憲章第七章之授權而可採取「一切必要措施」（all means necessary）達成目標，當然也就包括了武力之使用。

（五）完全性強制武力（full enforcement）

此類行動是安理會基於憲章第七章對侵略行為之回應所達成，如 1950 年的韓戰和 1990 年的第一次波灣戰爭。完全性強制是針對發起戰爭之一方的抗衡，自然不會採取中立立場，也當然授權人員使用武力。

---

[14] UN Charter, Article 39.

表 1　傳統和平行動之類型

	和平觀察任務 (peace observation)	預防部署 (preventive deployment)	維和行動 (peacekeeping)	選擇性強制武力 (selective enforcement)	完全性強制武力 (full enforcement)
目的	監督停火協議或選舉	避免可能擴大的武裝衝突	作為停火雙方的緩衝區	以強迫性手段達成特殊目標	對侵略行動之回應
法理基礎	需取得雙方同意	需取得雙方同意	需取得雙方同意	憲章第七章	憲章第七章
聯合國之立場	中立	中立	中立	不中立	不中立
武力使用	自衛	自衛	自衛	使用武力達成特定目標	完全使用武力

資料來源：George E. Little, *op.cit.*, p.50.
製表：李俊毅 2008/2/20

三、國際戰略

　　在說明國際戰略的內容之前，筆者先將戰略的定義做大約說明。戰略是一個內涵不斷得到擴展的概念，起先戰略單指軍事上的作戰計劃，之後發展為一個國家在和平或衝突時期對戰爭的整體傾向，至今戰略已經有涵蓋多面向、高層次的重大問題籌劃與指導的意義[15]。

　　國際戰略概念的提出正是戰略內涵和外延，由純軍事領域向非軍事領域擴展的結果。首先科學化提出國際戰略一詞的是鄧小平在1979 年一篇談話中開始的[16]，其內涵指的是主權國家就客觀的整體國際關係、國際格局等事件，謀求其國家利益而產生的較長時期、

---

[15] 李景治、羅天虹等著，**國際戰略學**（北京：中國人民大學出版社，2003 年12 月），頁 2。

[16] 同上註，頁 5。

全局性的謀劃與指導。國際戰略的特點有：是由國家最高領導階層謀劃和決策的、是處理國際事務和對外工作的總方針與原則、是較長時間內對外目標的全局性謀劃[17]。

國際戰略與國家戰略、大戰略等概念既相區別又相連繫，一方面國際戰略是由政府制定，側重於在國際關係領域謀求國家利益，這與國家戰略、大戰略等概念屬於同一級別。另一方面，國際戰略範圍明確限定在對外關係領域，國家戰略則是屬於國家的總體戰略，有不小的差別。大戰略則通常指國家運用政治、經濟、心理、外交和軍事等綜合手段尋求對國家安全的維護[18]，即國家的安全戰略；這與國際戰略也有不同，因為安全戰略只是國際戰略的其中一個面向[19]。

第三節　研究方法

舉凡學術性的研究都必須講求研究方法。所謂研究方法是蒐集和處理資料的技術或工具[20]，是從事研究工作時實際採用的程序與步驟。本書將採用文獻分析法（documental analysis approach）、歷史分析法（historical analysis approach）和比較分析法（comparative analysis approach）。

---

[17] 康紹邦、宮力著，**國際戰略新論**（北京：解放軍出版社，2006 年 8 月），頁 14-15。

[18] 門洪華，**建構中國大戰略的框架：國家實力、戰略觀念與國際制度**（北京：北京大學出版社，2005 年 2 月），頁 39-41。

[19] 李景治、羅天虹等著，前揭書，頁 5。

[20] 閻學通、孫學峰著，**國際關係研究實用方法**（北京：人民出版社，2001 年 9 月），頁 29。

一、文獻分析法

所謂文獻，主要包括各種書面資料以及文字資料形式的資訊。依其來源可概分為個人文獻、官方文獻及大眾媒介三大類，或又可分為原始文件與二手文獻兩大類；另可分為現實性文獻和回顧性文獻等。文獻分析是透過蒐集和分析現有的以文字、數字、符號、畫面等資訊形式出現的資料，探討與分析各種社會行為、社會關係及其他社會現象的研究方式，或是利用這些文獻資料探討與分析各種社會結構、關係、組織、文化、價值及其變遷[21]。

筆者透過蒐集中港台以及西方學者的研究成果、中國官方公佈的政策及數據文件、相關的新聞報導資料作為輔助研究的文獻。透過對這些文件的內容分析，筆者可以分析中國的作為與立場，也同時能將各方已有研究成果做一整理歸納性的介紹。所謂的內容分析是指「任何以有系統、客觀的方法確認文件訊息的特性，作為推論的基礎」[22]；雖然有許多人對內容分析的解釋力帶有存疑[23]，但在一定程度上此方法仍可反映出某些研究結果。本書中針對 2000 年後中國的實際參與及投票行為的部分，皆是透過文獻分析法的方式完成。

二、歷史分析法

所謂歷史分析法是指通過對國際關係歷史事件的回顧，從中總結一些經驗，以歷史的經驗解釋現實的國際關係。也就是依據

---

[21] 風笑天著，社會科學研究方法（北京：中國人民大學出版社，2001 年），頁 217-218。

[22] C. Frankfort-Nachmias、David Nachmias 著，潘明宏、陳志瑋譯，最新社會科學研究法（台北：韋伯文化國際出版公司，2003 年 2 月），頁 399。

[23] 石之瑜著，社會科學方法新論（台北：五南圖書出版公司，2003 年 2 月），頁 200。

對歷史文件的分析，總結國際關係歷史事件發生的因果關係以及對現行國際關係的啟示[24]，進而有助於解釋現況以及預測未來的一種歷程。而歷史資料的種類繁多，依項目的類型區分，一般可分為文件、數量記錄、口頭記錄和遺物等四種。

本書因為需要檢視中國由過去至今的安全觀以及戰略思想、計畫上的變遷，勢必需要由過去一些歷史資料來輔助以作為延伸的基礎。另外，基於案例中討論到 2000 年之前與維和行動相關的參與及投票行為，在這部分中也會藉由聯合國的網站資料以及安理會的投票紀錄交代其中的發展歷史，以讓讀者有更完整的概念。

三、比較分析法

比較分析法需將現在與過去，或不同時空下的制度及歷史事實廣加蒐集，經過整理、歸納與比較後區分其異同。其主要在實現兩個研究目的：一是辨別兩種不同國際事件的異同，二是從中推導出特殊性的結論或一般性的規律[25]，因此比較分析法有助於總結國際事件的規律，以及選擇案例的靈活性[26]。

本書先將各時期中國的戰略思想、計畫、參與國際建制與聯合國的時代作比較，再將中國參與聯合國維和行動過程中的行為及態度在 2000 年前後的變化作比較，同時也將說明比較後所代表的背後意義，使讀者能更清楚了解中國的作為考量。雖然比較研究通常被視為質性研究，而筆者在比較 2000 年前後所得出的原因與困難

---

[24] 閻學通、孫學峰著，前揭書，頁 143-144。
[25] 同上註，頁 133。
[26] 同上註，頁 137。

等也屬於此類結果；然而在實際參與率、任務參與數量、維和任務人員組成比例的差異上，筆者皆以數字量化的方式呈現，以期比較分析之結果能更客觀。

第四節　研究範圍與限制

以下筆者就研究範圍與研究限制做說明：

一、以國際建制為切入點

中國參與國際社會有許多討論面向，如大國外交、雙邊或多邊關係等不一而足，本書則選擇以國際建制作為中國與國際交往的切入點。以國際建制開始討論，一方面會比單純探討國際組織（international organization）來的更有內涵，透過國際建制才能真正體現國際制度（international institution）的精神；另一方面可以透過國際建制理論中三大學派——新現實主義、新自由制度主義以及建構主義來試圖印證中國作為背後的原因，也是較有解釋力的。

二、以參與維和行動為研究主題

國際建制在各面向上也有分別，有人權、環保、經貿、安全、能源等，各個面向所涵蓋的國際建制內容非常複雜與多元，在探討此一研究主題時不可能每種面向的國際建制都介紹，否則將流於「大題小做」。在本書中作者選定以國際安全建制為主來看中國在

其中的作為，目前與中國最有密切關係的國際安全建制有四：聯合國安理會、東協區域論壇（ASEAN Regional Forum, ARF；包括亞太安全合作理事會 Council for Security Cooperation in the Asia Pacific, CSCAP）、國際禁止核子武器擴散建制以及上海合作組織（Shanghai Cooperation Organization, SCO）。禁止核武器擴散建制過去曾是討論國際安全建制時必定會提及的議題，但因為近年來幾個擁核國家間的武器研發競爭導致此建制的功能逐漸喪失[27]，因此筆者不將其列入討論對象中。上海合作組織雖是中國所創建而有一定代表性，但因為已經有許多文獻探討過，本文如再重複也可能只是「冷飯熱炒」而無法對學術研究做出貢獻。東協區域論壇與亞太安全合作理事會屬地區性安全建制，在中國執行多邊外交「先周邊後國際」排序上是很重要的，但中國在其中的具體行為較少，態度變化也較不明顯。

為了表達中國在國際安全建制中作為的總體與特殊性，筆者決定在研究客體上以中國參與聯合國維和行動為主。一來聯合國是最具代表性的國際組織，是中國展現多邊外交的重要場合，二來近年因為中國在維和行動的參與上逐漸活躍，且與過去的作為相比較可印證中國對外行為的變化，以本書中的三個研究途徑：國際建制理論、維和行動質變和國際戰略制定三個面向來看，又可分析中國行為變化背後的原因，這都是筆者以維和行動為研究主題的考量。

三、時間範圍

時間點上，中國國際戰略的討論將會從毛澤東時代開始，接下來提及鄧小平、江澤民以至於目前的胡錦濤主政時期，由這樣的演

---

[27] Donald Greenlees, "China and India leading a surge in missile forces," *International Herald Tribune*, September 20, 2007, pp. 1&5.

變來看國際戰略思想、計畫及行動上的轉變。中國參與國際社會以及參與聯合國的歷程方面，前者以 1949 年開始，後者則自 1970 年代開始劃分不同時期的參與行為。

　　參與維和行動及投票態度方面，前者以 1990 年代初期實際投入維和行動開始，後者則由 1970 年代第一次與維和行動相關的投票開始探討，而本書則主要希望能彰顯此兩者在 2000 年前後所呈現的差異。筆者以 2000 年前後作為分隔標準，是因為 1999 年中國於貝爾格勒大使館遭到轟炸後，對維和行動有了不同的政策轉變，詳細情形筆者將於第三章中說明。

四、空間範圍

　　許多與維和行動相關的研究都會把重點放在其中一兩個任務上，主要是藉由幾個特殊或具代表性的案例類推大方向與大原則。筆者在本書中則只在探討到台灣因素時，才稍微仔細的說明了個案狀況，其他部分皆未對各維和任務背景、發展及結果作介紹。筆者主要是希望能呈現中國整體作為與態度上的變化，因此各任務詳細內容並非研究重點，反而是中國在不同時期的具體作為內容才是本書中主要的空間範圍。

五、研究限制

　　研究國家內部政策制定的過程，難免會發現其決策過程不容易釐清，對於其政策上之目的或是其背後的戰略目標則更不容易為人所掌握。即使西方民主國家發展出決策理論後開始了比較有系統及科

學性的外交政策研究，但後續內容中提到在維和行動參與過程，一方面基於海外派兵的敏感性，另一方面基於幾乎沒有「知識社群」（epistemic communities）參與的情況，決策過程的不透明度就更加深了。因此，政治制度上仍處於封閉狀態的中國在這此方面就形成了對學術研究上的極大挑戰。

也許有論者認為既然是研究中國參與國際社會的主題，其開放性程度應該相較傳統的外交決策更可避免上述的研究限制，在數據的來源上應該更為方便取得與透明。但舉凡中外學界還是多有認為在此研究主題上存有許多限制，如 Samuel Kim 就認為欠缺一種連貫性的國際關係理論來解釋與中國有關的事務，即使是西方學者也是以描述性分析居多，但在比較與歸納上就未達水準[28]。這對要完全用國際建制角度審視中國參與維和行動此一主題就會造成理論套用上的限制，因此筆者加上維和行動質變與國際戰略決策兩面向一起分析，以求彌補這樣的限制並追求更為完整的解釋。

另外，中國在當前國際建制中的許多作為徒具象徵性，提出的主張有許多都太過空洞、太過原則性[29]，即使在本書研究主題裡中國的實際行為也有具體的部分，但大體來看，上述限制仍會在某些方面造成研究成果可能無法太深入的情況出現。這可能是中國對於維和行動還處於探索的階段，也可能因事涉敏感而有所保留；如果是前者則屬於結構性因素，有待時間推演取得更明朗的成果，如果是後者則又回到前述第一個限制因素，似乎也只能靜觀中國內部的變化了。

---

[28] Samuel Kim, "China's International Organizational Behaviour," in Thomas Robinson and David Shambaugh, eds., *Chinese Foreign Policy: Theory and Practice*(New York: Oxford University Press, 1994), p. 401.

[29] 蘇長和，〈發現中國新外交：多邊國際制度與中國外交新思維〉，**世界經濟與政治**，2005 年第 4 期，頁 13。

第五節　章節安排與研究架構

本書的章節安排如下：

在第一章緒論中，筆者分別說明研究目的與動機、名詞釋意、研究方法、研究範圍與限制、章節安排與研究架構，以期讓讀者能對筆者欲達到的研究成果有初步認識。

第二章則分別就三個研究途徑做介紹。第一節是介紹國際建制理論，並個別陳述三大學派的觀點；第二節是維和行動及其演變，第三節是中國當前國際戰略分析。

第三章介紹中國參與維和行動的情形。第一節是中國融入國際社會，分別說明參與國際建制及聯合國的歷程，第二節與第三節分別是 2000 年前後中國參與維和行動的情況，且又各分為實際參與情形與投票行為兩面向，第四節則以小結作結尾。

第四章分析中國參與維和行動背後原因以及遭遇到的困難。其中在第一節探討原因方面，筆者分為現實、利益、形象與國家身分定位三種考量，且各種考量下又各有多個分類，共計八個子原因。第二節中則列舉三種參與作為之困難與限制，第三節則以小結做結尾。

第五章則是對中國參與維和行動的檢討。筆者將第四章中分析出的原因與第二章中介紹的三個研究途徑相互套用。首先是以參與原因中的性質來看國際建制理論中哪一學派的觀點較有解釋力，其次是判斷維和行動本身的質變是否影響中國的作為，再次則以國際戰略制定的過程判斷參與行為在內部之屬性，最終以小結作收。

第六章是筆者的研究心得。分別討論三個研究途徑間的關係、中國態度的變與不變、參與作為是主動或是被迫、多邊獲益、參與作為的展望以及台灣的反思等主題。

研究架構

中國參與聯合國維和行動之情形

■ 1999年之前
■ 2000年之後

三個研究途徑

■ 國際建制理論
■ 維和行動及其演變
■ 中國的國際戰略

中國參與聯合國維和行動的原因分析及遭遇之困難

■ 現實考量
■ 利益考量
■ 形象與國家身分定位考量

中國參與聯合國維和行動之檢討

■ 國際建制理論的解釋
■ 維和行動本身的質變
■ 中國國際戰略的解釋

研究心得

第二章　三個研究途徑

　　本章主要目的在敘述筆者將使用的三種研究途徑，分別是國際關係理論中的國際建制理論之形成、聯合國維和行動之介紹與演變以及中國當前的國際戰略概述。而此三種研究途徑的用途在於檢證本書的案例，也就是中國參與聯合國維和行動以及中國在參與過程中態度轉變的原因。

　　筆者使用三種研究途徑的理由在於試圖全面性的由理論層面，也就是國際建制之形成、外在因素，也就是維和行動之演變，以及內在因素，也就是中國當前的國際戰略制定來分析為何中國會參與維和行動，以及為何中國會在維和行動可能侵犯國家主權的情形下仍舊參與並增加其參與之數量。

第一節　國際建制理論

　　自 1980 年代以來，國際關係理論在經歷過去的兩次辯論後又出現了新一波的思潮抗衡。1979 年 Kenneth Waltz 開創性的新現實主義（Neo-Realism）出現，1984 年則是一連串不同意見的文章出爐，象徵著新自由制度主義（Neo-liberal Institutionalism）的肇始，第三次辯論於焉展開[1]。1980 年代中期至冷戰結束以來，國際關係

---

[1] 倪世雄著、包宗和校訂，<u>當代國際關係理論</u>（台北：五南出版社，2003 年），頁 159-225。

理論又開始了新一波的轉型，主要是對以實證主義和經驗方法獲
得國際政治知識進行徹底的反思和批判性的重建，批判理論
（Critical Theory）從認識論、本體論、方法論和價值論等方面對
傳統的國際關係研究提出了挑戰和批評，1990 年代以來強調事務
乃是通過社會建構過程而存在的建構理論（Constructivism）更是
批判理論中最為活躍的一支[2]。

在此部分中，筆者將針對新自由制度主義核心之一的國際建
制理論[3]（Regime Theory）加以介紹，並將闡述此理論中三大學派，
分別是新現實主義、新自由制度主義以及建構主義，對於國際建
制形成原因的不同看法。然而國際建制理論的討論範圍其實不是
只有形成原因，而另包含有國際建制的變化及效力、歐美兩方的
理論差異等議題[4]，但有鑒於本書只將針對國際建制的形成原因反
推中國參與聯合國維和行動作探討，因此上述其餘部分將省略而
不予介紹。

一、何謂國際建制（international regime）？

學界中對於國際建制有許多不同的定義，筆者在此舉出幾個比
較重要的例子做說明。

---

[2] 同上註，頁 256、287-288。
[3] International regime 在中文有許多不同的翻譯方式，在本書中統一使用國際
建制一詞。
[4] 有關於建制分析上的變化與效力問題，請參閱 Volker Rittberger, ed., *Regime
Theory and International Relations*(Oxford: Clarendon Press, 1993), pp.
405-427. 有關於歐美兩方的理論差異，請參閱 Volker Rittberger, ed., *op.cit.*,
pp. 3-22.

（一）Stephen Haggard 和 Beth A. Simmons 的定義

概括將國際建制分為三種定義[5]：第一，是一種「模式化的行為」（pattern behavior）。學者 Donald Puchala 和 Raymond Hopkins 認為：「在國際關係中每一個獨立的問題領域都存在建制，只要是存在著對行為進行調節的地方，就一定存在一些相應的原則、規範和規則。」[6]；第二，等同於「明確的命令」（explicit injunctions）。更具體地說，國際建制是「國家間主要在一特定問題領域中調節國家行為的多邊協議，並通過概括指出明確的指令來規定國家行為所被允許的範圍」[7]；第三，是「規範和預期的匯集」（convergence of norms and expectations）。此部分由以下 Stephen Krasner 的定義來做更詳細的解釋。

（二）Stephen Krasner 的定義

因為 Stephen Haggard 和 Beth A. Simmons 定義太窄，故 Krasner 的定義做了調和且被廣泛接受。他認為國際建制是「某一特定問題領域裡，由行為者之期望匯聚而成的一套潛在或明顯的原則（principles）、規範（norms）、規則（rules）與決策程序（decision-making procedures）」[8]（implicit and explicit principles, norms, rules and

[5] Stephen Haggard and Beth A. Simmons, "Theories of International Regimes," *International Organization*, v41, n3. Summer 1987, pp. 492-495.

[6] 同時他們也說明了建制的五個特徵，請參閱 Donald Puchala and Raymond Hopkins, "International Regimes: Lessons From Inductive Analysis," in Stephen Krasner, ed., *International Regimes*(Ithaca: Cornell University Press, 1983), pp. 62-63.

[7] Stephen Haggard and Beth A. Simmons, *op.cit.*, p. 495.

[8] Stephen Krasner, "Structural Causes and Regime Consequences: Regimes as Intervening Variables," in Stephen Krasner, ed., *op.cit.*, p. 2.

decision-making procedures around which actors' expectations converge in a given area of international relations）而原則是指對事實，因果與公正的信念（belief），規範是指行為標準的權利與義務，規則是指對行為的指示或禁止，決策程序則是創造與供應集體選擇的流行慣例。

同時，此四個構成要素可以加上一種層級關係來說明。原則可以說是規範的基礎，規範是由少數原則引申出來的標準行為。規範又是規則的基礎，規則是把某些規範寫成具體的法律、條文、協定。決策程序則是與規則平行且交集的概念，也是由規範所衍生出來一套對決策過程的成文或不成文具體規定[9]。雖然此定義是相較下被廣泛接受的，但是近來遭受的批評也越來越多，批評者多認為這些所謂的原則、規範、規則與決策程序還是太廣泛、不易確定且容易互相混淆[10]。

（三）Robert Keohane 的定義

Keohane 對於上述 Krasner 的定義也認為是相當重要且可貴的，但是同樣認為這樣定義過於複雜，容易引起爭議。相較之下，其定義簡潔許多，他認為國際建制是「具有明確的規則並且得到政府同意，適用於國際關係之中的特定問題領域的制度」。[11]（international regimes are institutions with explicit rules, agreed

---

[9] 羅永青，〈後冷戰時期中共的環境外交：以聯合國氣候變化綱要公約的參與為例〉，**國立中山大學大陸研究所碩士論文**，2002 年 7 月，頁 48-49。

[10] Stephen Haggard and Beth A. Simmons, *op.cit*., p. 493; Oran Young 也提出了三點對於 Krasner 定義的批評，請參閱 Oran Young, "International Regimes: Toward a New Theory of Institutions," **World Politics**, v39, n1, 1987, p. 106.

[11] Robert O. Keohane, *International Institution and State Power: Essays in International Relations Theory*(Boulder: Westview Press, 1989), p. 4.

upon by governments, that pertain to particular sets of issues in international relations）Keohane 同時認為這些明確的規則不需要具有效率（effective），但卻必須被認為是持續存在的[12]。

（四）王逸舟的定義

中國學者王逸舟也提出了他的定義，他認為國際建制就是指「國際共同體或各主要國家（共同地或私下相互地）為穩定國際秩序（不管是經濟秩序、政治秩序、安全秩序，或者是環保秩序、救助秩序、交往秩序），促進共同發展或提高交往效率等目的，建立起的一系列有約束性的制度性安排或規範，這些制度性安排或規範可以是成文的，以國際法形式出現的規章制度，也能夠是不成文的、非正式的默契與合作[13]；可以是國際組織和大國議定的決議及其他產物，也能夠是私下交易的和沒有公開組織者之活動的結果。所有這些建制的核心或關鍵問題，在於避免無政府狀態，降低衝突的潛能，實現控制性的發展」。[14]由上可知，王逸舟所認為的國際建制特徵是由成文或不成文的制度性安排或規範所組成。

綜合以上四種對於國際建制的定義，我們可以得知在取得「模式化的行為」與「明確的命令」的中間值而以「規範和預期的匯集」來定義後，Krasner 仍舊無法提供一個令所有人滿意的精確定

---

[12] Robert O. Keohane, "The Analysis of International Regimes: Towards a European-American Research Programme," in Volker Rittberger, ed., *op.cit.*, p. 28.

[13] 合作在未有建制形成的情況下也是可以成立的，請參閱 Stephen Haggard and Beth A. Simmons, *op.cit.*, p. 495.

[14] 王逸舟著，國際政治學：歷史與理論（台北：五南出版社，1999 年），頁 304。

義，所以才會有 Keohane 後續所提出的較為簡化的定義。然而，
Krasner 的定義還是有其獨有的優點，除了能建構出不同要件間的
層次關係，也提出了一個較為固定而不用視差異情況而隨之改變
的定義[15]。只要能確立四個要件的精確涵義及其互動關係，能處理
哪些期望會結合、特定議題中規則在何時會出現等問題後，Krasner
的定義將會更完整[16]。

二、國際建制理論的三大學派

由前所述我們可以得知，即使國家傳統上為了追求其國家最
大利益而可能會選擇增強自身權力，造成國家間的競爭關係無可
避免；雖然短期間內的自助可能獲利，但國家間仍有制度化合作
以管理衝突及互賴問題的模式存在[17]，尤其是後冷戰時期至今的
國際關係在這方面所表現出的情形更是明顯。因此這部份將討論
的是國際建制如何形成，並將說明新現實主義、新自由制度主義
以及建構主義三大學派在此議題上的不同看法。

在三大學派中，新現實主義者關注權力（power）間的關係；
新自由制度主義者關注利益之聚合（constellations of interests）；建
構主義者則重視知識的變動（knowledge dynamics）、溝通
（communication）與認同（identities）。以下分別就其個別內容做
介紹：

---

[15] Andreas Hasenclever, Peter Mayer and Volker Rittberger, *Theories of International Regimes*(Cambridge: Cambridge University Press, 1997), pp. 12-13.

[16] *Ibid.*, p. 11.

[17] Volker Rittberger, "Research on International Regimes in Germany: The Adaptive Internalization of American Social Science Concept," in Volker Rittberger, ed., *op.cit.*, p. 9.

（一）新現實主義（power-based theories of regimes）

不論是傳統或是新現實主義，首重強調的都是權力的重要性。傳統現實主義（Realism），認為國際政治乃是處於一種無政府狀態（anarchy），因此國家會出於理性考量追求權力以達到自身利益的最大化[18]。新現實主義承襲上述概念，並試圖以國際體系的框架尋求對於國際政治作出更為客觀的解釋，其認為國際體系扮演一種型塑國際成員間政治關係的架構[19]；新現實主義同時認為行為者間的權力分佈界定了架構，而成員數目與相對的權力大小關係則會與國際體系互相產生影響，也就是說國際體系會因為成員間權力大小的變化而改變，但體系在發生改變後亦將影響體系間成員間互動的結果[20]。

伴隨上述的理論基礎，新現實主義看待國際建制時仍強調在國際合作情況中，權力的重要性並不亞於在國家間發生衝突時的地位。在國際合作情形下，行為者間的權力資源分配狀態將強烈地影響國際建制在特定議題下所呈現的狀態；同時加上了無政府狀態與相對利益的概念，新現實主義也對於國際建制的有效性提出質疑，並認為這會是阻礙國際建制形成的因素[21]。此一意見在英國學者Susan Strange 的意見中表露無遺，她認為國際建制的研究是一種「時尚」（fad），建制本身只不過是國際體系結構下權力配置的一種反射，國際建制的形成是行為者間短暫利益結合之產物，甚至認

---

[18] Hans Morgenthau, *Politics Among Nations*(New York: Alfred A. Knopf, 1978), p. 29.

[19] James E. Dougherty and Robert L. pfaltzgraff, Jr., *Contending Theories of International Relations*, 5th edition(New York: Addison Wesley Longman, 2001), p. 81.

[20] *Ibid.*, pp. 82-83.

[21] Andreas Hasenclever, Peter Mayer and Volker Rittberger, *op.cit.*, pp. 3-4.

為國際建制是個毛茸茸的（woolly）概念[22]。以上新現實主義展現的概念集中體現在霸權穩定理論（Hegemonic Stability Theory）中，可堪稱是最明顯的例證[23]。

（二）新自由制度主義（interest-based theories of regimes）

新自由制度義對於新現實主義關於國際關係是處於無政府狀態之說法基本上是認同的，同時新自由制度主義也同意權力所具有的重要性。然而在無政府狀態的性質、作用和結果上，新自由制度主義不贊成會因此造成國家間必然的衝突與競爭，反而認為是有相互依存[24]與合作的現象[25]；至於權力，新自由制度主義則認為其已不再是國家所唯一追求的目標。另外，新自由制度主義也在其他方面與新現實主義作了區分，如認為國家不再是佔中心地位的國際關係角色、新現實主義是「結構層次」的分析，而新自由制度主義則是「過程層次」的分析、新現實主義強調相對利益，而新自由制度主義強調絕對利益等等[26]。

伴隨上述理論基礎，新自由制度主義對於國際建制的形成相對就較新現實主義給予了正面的評價。雖然也認為國家是理性的行為者，但卻強調了絕對利益與合作的概念，新自由制度主義認為國際建制能夠發揮幫助國家實現共同利益的功能，且可以協調國家間的行為以

---

[22] Susan Strange 提出了對於國際建制的五點批評，請參閱 Susan Strange, "Cave! Hic Dragons: A Critic of Regime Analysis," in Stephen Krasner, ed., *op.cit.*, p. 337.

[23] Robert Crawford, ***Regime Theory in the Post-Cold War World : Rethinking Neoliberal Approaches to International Relations***(USA: Dartmouth Publishing Group, 1996), p. 57.

[24] 張登及，**建構中國：不確定世界中的大國定位與大國外交**（台北：揚智文化有限公司，2003 年），頁 141-142。

[25] 倪世雄，前揭書，頁 174。

[26] 同上註，頁 171、175。

降低資訊的模糊及不確定性（uncertainties）並減少互動成本（transactional costs），以消除賽局理論中國家因為彼此猜忌而最終只能達成次佳結果（suboptimal outcome）而達成集體的最佳結果[27]。換言之，沒有國際建制則合作將無法制度化，更無法消除國家間的疑慮以達成更為穩固的互賴（interdependence）關係，當然也就無法進一步的追求國家間合作的最大利益；相對的，互賴增加與國際建制成功形成將導致建制任務與成員的擴張[28]。可見得國際建制在新自由制度主義者的認知中，是鞏固國際合作及將此種合作制度化的關鍵因素。

（三）建構主義（knowledge-based theories of regimes）

建構主義對於傳統的理性主義給予了反思與批判。其在本體論上不贊成國際關係主流理論關於人性和行為的概念，認為國際關係是一種社會性的建構（socially constructed），其強調經由國家間相互主觀的認知建構起國家利益與認同，從而決定了國家的對外行為[29]；在方法論上強調多元學術形式以及理論解釋的多元化；在認識論上強調國際關係的含意在變化之中，各種解釋與變化都有探究的價值；在價值論上，指出文化、認同、規範等因素在調整國家關係以及利益方面的重要作用[30]。

---

[27] Andreas Hasenclever, Peter Mayer and Volker Rittberger, *op.cit.*, p. 4. 有關於國際建制與賽局理論的關係，請參閱 Arthur A. Stein, "Coordination and Collaboration: Regimes in an Anarchic World," in Stephen Krasner, ed., *op.cit.*, pp. 115-140. 以及 Kenneth A. Oye, ed., *Cooperation under Anarchy*(New Jersey: Princeton University Press, 1985).

[28] Robert O. Keohane, "The Analysis of International Regimes: Towards a European-American Research Programme," in Volker Rittberger, ed., *op.cit.*, p. 36.

[29] Alexander Wendt, "Anarchy is What States Make of It: The Social Construction of Power Politics," *International Organization*, v46, n2, Spring 1992, pp. 391-425.

[30] 門洪華，建構中國大戰略的框架：國家實力、戰略觀念與國際制度（北京：

對於國家間的合作，建構主義者認為必須考慮到行為者對於互賴的意識形態、價值觀以及信仰，以及對於如何實現特定目標的可獲取知識，也就是說國家間的合作與國際建制的形成可能會因為認知（perception）、獲取資訊的能力以及透過學習而造成影響，因此建構主義對於解釋國際建制的實質規則與內容是特別重要的[31]。除了上述的幾個因素之外，知識社群的角色（the role of epistemic communities）也是影響合作達成與國際建制形成的重要原因[32]，其可扮演領航者的角色，針對問題的因果關係以及解決的方法，若知識社群間有一定共識的話即可成為國家間學習的主要平台[33]。總之，建構理論認為國際建制的形成是一種社會化而非理性選擇的過程，同時認為國家應該被視為主觀上的角色扮演者而非尋求利益或權力極大化的行為者[34]。

國際建制理論中三大學派對於國際建制理論的看法雖有歧異，卻也都有其各自的解釋力，不論是權力、利益或是知識在某些面向上仍舊構成國際建制形成上的一定要素。概括來說，三者間其實對於國際建制存在的現象皆未否認，但是因為其個別基本理論假設上的緣故，導致三者間對於國際建制作用大小，也就是制度主義之程度的認知產生了不小的差距（如表 2 所示）。筆者這部分的總結如下：

（1）新現實主義重視國際關係中的權力結構因素，認為國際建制的出現只是反應權力的分配結果，認為建制是依變

北京大學出版社，2005 年 2 月），頁 218。

[31] Stephen Haggard and Beth A. Simmons, *op.cit*., p. 510.

[32] Andreas Hasenclever, Peter Mayer and Volker Rittberger, *op.cit*., p. 139.

[33] *Ibid*., p. 149.

[34] *Ibid*., p. 5.

項（dependent variable），會隨權力結構的變化而變化，國際建制自然無法主導權力資源間的分配情況，制度主義的程度當然也就較為微弱[35]。

（2）新自由制度主義因為不像新現實主義如此重視權力因素，加上不同意權力結構會影響國家間的合作意願，也不同意國際建制就是權力分配的結果，所以認為國際建制會形成獨立變項（independent variable），可以產生改變國際關係之效果且可以影響國家之行為，不認為國際建制會完全被權力所制約[36]。

（3）建構主義對於國際建制的制度主義程度看法則是三者中最為肯定的，因為強調國家間行為的主觀性，所以其認為一旦國際建制成立，就會對國家行為構成制約，有些建構主義者甚至把國際建制看作國際關係的唯一獨立變項。[37]

　　新現實主義在此方面的解釋已經呈現一定程度上的不足，但客觀上我們也無法否認國際建制中權力要素的重要性；相對的，建構主義卻似乎太過樂觀而無視外在環境對國家主觀意識上的制約，因此目前國際建制的主流理論是以新自由制度主義為主，調和了上述兩者間的缺失。然而是否中國參與聯合國維和部隊的本意皆可用新自由制度主義來解釋？或是其餘兩個學派也可以加以補充？筆者將於本書後段進行討論。

---

[35] 門洪華，前揭書，頁219。
[36] 同上註。
[37] 同上註，頁220。

表 2 國際建制理論的三大學派

	新現實主義	新自由制度主義	建構主義
核心變數 (central variable)	權力 (power)	利益 (interest)	知識 (knowledge)
制度主義之程度 (institutionalism)	微弱 (weak)	中 (medium)	強 (strong)
理論傾向 (meta-theoretical orientation)	理性主義 (rationalistic)	理性主義 (rationalistic)	社會學的 (sociological)
行為模式 (behavioral model)	相對利益 (relative gains)	絕對利益 (absolute gains)	作用──角色 (role-player)

資料來源：Andreas Hasenclever, Peter Mayer and Volker Rittberger, *op.cit.*, p. 6.
製表：李俊毅 2008/2/20

第二節 維和行動及其演變

維和行動有時被稱為「憲章第六章半」(Charter Six and a Half)，因為憲章第六章是和平解決爭端，第七章則是安理會維護國際和平的規定，因此並未有明文規劃維和行動的設置。但由於國際政治現實因素與制度缺失的雙重限制，上述明文規定無法有效執行維持國際和平之任務，因此才有維和行動之發展[38]。然而維和行動經歷了冷戰與後冷戰時期的更迭後，早期與目前的維和行動不論在性質或是範圍上已有極大的差別，此部分將對這些變化作介紹並觀察中國在面臨維和行動變化過程中的反應。

---

[38] 楊永明，<u>國際安全與國際法</u>（台北：元照出版社，2003 年），頁 209-210。

一、維和行動之定義、基本原則與組成

維和行動的定義係指：「基於交戰各方的同意之下，在一衝突地區部署國際軍事與文職人員，以停止或限制衝突的擴大，或是監督和平協議的執行。」[39]維和行動是一種另類的爭端處理機制，它既不是裁判爭端的公平解決，也不是強制處理國家間戰爭或衝突。經過實踐，維和行動可歸納出三項基本原則[40]：

（一）同意原則（consent of the parties）

維和行動必須事先取得衝突各方的明示同意，如果沒有各方的同意則無法進行該項任務，此也是維和行動人員自保的前提。如果行動遭任何一方撤回其同意或是爭端再起，維和行動必須撤退或移轉至安全區域，此乃對同意原則之尊重。然而越來越多學者與國家主張此原則必須彈性運用而不需視為絕對必要條件，尤其是後冷戰時期處理國家內戰與內部衝突可能找不到明確的交戰雙方給予事前同意，而可能耽誤任務的部署與有效性。

---

[39] UN website: http://www.un.org/Depts/dpko/dpko/faq/q1.htm（2008/2/26 查詢）

[40] 楊永明，前揭書，頁 211-214。除了此三項原則，2008 年 3 月聯合國的最新報告〈聯合國維和行動：原則與方針〉中也提到另外三項促成任務成功的因素，分別是合法性（ligitimacy）、可信度（credibility）以及當事國與地方角色的提升（promotion of national and local ownership），請參閱 UN Department of Peacekeeping Operations, *United Nations Peacekeeping Operations: Principles and Guidelines*(New York: United Nations, March 2008), pp. 36-40. http://pbpu.unlb.org/pbps/Library/Capstone_Doctrine_ENG.pdf（2008/5/29 查詢）

（二）中立原則（impartiality）

維和行動必須不偏袒任何一方，不作價值判斷。此乃維和行動的主要原則與精神，也使得維和任務能夠繼續扮演維護國際安全與和平的關鍵因素。

（三）非武力原則（non-use of force except in self-defence of the mandate）

維和行動屬於非戰鬥部隊，僅有在人員遭受攻擊的情況下才可使用武器自我防衛。如過程中遇到執行上的障礙，也可使用武力排除之。尤其在後冷戰時期維和行動兼具有多重任務，有時會視情況採取有限武力之使用。

維和行動的首次任務是在 1948 年安理會決定派遣聯合國停戰監督機構，監督阿拉伯國家與以色列間的停火協定；如果是指維和部隊，則是在 1956 年蘇伊勢運河事件爆發時，聯合國在西奈半島建立了第一個維和部隊以作為埃及與英法間的緩衝區並觀察雙方是否遵守停火協議，此後維和部隊成為了維和行動的主要任務與組成方式[41]。

傳統上維和行動主要以觀察團與軍事部隊組成，但現今則增加了民間警察、選務人員、清除地雷者、人權調查員和民間事務與溝通專家，任務則包含了人道援助、落實和平協議、監督並辦理選舉、重建政治機構與制度、訓練民間警察及調查人權狀況等。除此之外，維和行動有一名指揮官負責軍事行動與實地狀況處理，另有一名秘書長特任代表擔任政策協調與外交協商角色，上述兩者隨時向聯合國秘書長與秘書處維和行動部門報告任務狀

---

[41] Norrie Macqueen, *The United Nations Since 1945: Peacekeeping and the Cold War*(London: Longman, 1999), pp. 32-34.

況，再由秘書長向安理會報告執行進度，安理會則依據需要討論
通過決議作進一步的任務授權[42]。

二、維和行動的演變

維和行動始於冷戰時期，強調上述三項原則之精神。然而過去
東西雙方意識形態的壁壘分明已是過往雲煙，現實國際社會的衝突
形式已非過去的軍事強權對抗，取而代之的是更多的種族與地區衝
突。面對這樣情勢的演變，維和行動也隨之進行了不少的應對與改
變[43]。以下將就維和行動的演變作介紹，並以時間更迭與性質變化
來說明：

（一）冷戰時期

1948 至 1988 年間共計有十三次的維和行動，大多在中東地
區且在美蘇兩強同意下進行，主要是為了避免情勢加速升高而危
及並擴大成強權間的衝突。冷戰時期的維和行動沒有任何來自安
理會常任理事國的部隊參與，多是基於自願性的多邊合作且非基
於憲章第七章的強制性授權組成。此時期的維和行動嚴格遵守三
項原則，也因此取得了普遍性的國際支持與認可，成為後冷戰時
期持續維護國際和平與安全的主要手段[44]。

---

[42] 楊永明，前揭書，頁 216-218。

[43] 有些學者則是標準不一地把維和行動分為不同「世代」，如後冷戰時期的「第
二代維和」，或是德國學者 Albrecht Schnabel 把維和行動分為四個世代，請
參閱 Albrecht Schnabel, "Humanitarian Intervention: A Conceptual Analysis,"
in Neil Macfarlance and Hans-George Ehrhart, eds., *Peacekeeping at a
Crossroads*(Ottawa: Canadian Peacekeeping Press, 1998), p. 29.

[44] 楊永明，前揭書，頁 224-226。

（二）後冷戰時期

　　冷戰後維和行動成長快速，任務也由傳統針對國家間停戰協定的觀察與監督轉為針對國家內部衝突與內戰下的人道救援與全面重建工作，無論是在數目、經費、參與人數等項目上皆充分反映區域性或內戰衝突的激烈現象。1992 年聯合國前任秘書長蓋里（Boutros Boutros-Ghali）發表著名的「和平議程」（An Agenda for Peace）文告，就建議維和行動應持續與廣泛運用在維持國際和平與安全之上[45]，同時還希望維和行動不僅要著重在以往的維持和平任務（peacekeeping），還要能朝預防外交（preventive diplomacy）、建立和平（peacemaking）、締造衝突後和平（peacebuilding）的方向發展[46]。為了因應後冷戰時期以國內戰爭和國內武裝衝突的特性，維和行動除了傳統觀察團與維和部隊外，已經逐漸擴大任務範圍至國內衝突與戰爭，進行人道救援與全面重建等層面的工作，其最大特點在於透過多面向的行動與措施，達成各項複雜維和任務與使命。2000 年 8 月，由前阿爾及利亞外長布拉希米（Lakhdar Brahimi）主導的一份「布拉希米報告」（Brahimi Report）出爐[47]，其主旨在探討國際社會應如何加強對維和行動的貢獻。此份報告不僅試圖指出維和行動的戰略方向，也指出了一些維和行動所面臨的實際問題，如決策、快速部署、計畫以及供給等。此報告對維和行動的影響不可謂不大。總結後冷戰時期的數項變化可整理如下：[48]

---

[45] Boutros Boutros-Ghali, *An Agenda for Peace: Preventive Diplomacy, Peacemaking and Peacekeeping*(New York: United Nations, 1992).

[46] *Ibid*.

[47] UN Secretary-General Report, A/55/305-S/2000/809, August 2000. http://www.un.org/peace/reports/peace_operations/（2008/3/1 查詢）

[48] 楊永明，前揭書，頁 235-238。

（1）介入國家內部衝突與內戰的協調[49]，重建和平成為多數
　　維和部隊的主要任務。這些例子如納米比亞、柬埔寨、
　　莫三比克、盧安達、前南斯拉夫、海地、東帝汶等。

（2）由過去緩衝區的角色增加了人道救援及全面重建的功
　　能。全面重建與人道救援幾乎成為了後冷戰時期維和行
　　動的主要工作內容，部分行動更擔負了國家重建與民主
　　建設及鞏固（state building and democracy）的任務[50]。

（3）安理會越來越純熟與複雜地交替運用憲章第七章強制和
　　平（peace enforcement）之功能，以維護國際和平與安全。
　　換言之，維和行動的強制因素正在增加。在這樣的情況
　　下，維和行動多被賦予強制執行權限，甚至可以直接使
　　用武力。

（4）大國在維和行動中的角色越形重要。冷戰後美蘇均開始
　　積極參與維和行動[51]，日本與德國也在國際社會謹慎觀
　　察下開始參與維和行動。

（5）維和行動開始與區域組織或非政府組織進行合作。因為
　　任務的複雜性及規模過大，為了取得一定成果，聯合國
　　與區域組織的合作例子越來越多，如在波士尼亞及科索
　　沃事件中與北約的合作。

---

[49] 徐緯地，〈搖擺與徬徨中的探索：聯合國維和行動面臨的困難與挑戰〉，**世界經濟與政治**，2005 年第 5 期，頁 9。

[50] 同上註。

[51] 1997 年時，俄羅斯參與維和行動的人數高達 1114 人。楊永明，前揭書，頁 237。

（三）性質變化

除了以時間點來區分維和行動的演變之外，從任務性質上也可明顯的區別出幾個層次的變化，說明如下[52]：

1. 傳統的維和行動（traditional peacekeeping）

傳統維和行動主要目的在提供交戰雙方政治空間，並以建立信心及促進政治對話之方式以達成協議。通常是在雙方達成協議之後部署，且嚴格遵守三項原則。

2. 過渡管理（transition management）

過渡管理主要目的在促進並執行政治協議直到選舉進行或新國家獨立之後。此類行動承擔了較為廣泛的責任以達成社會或國家的轉型，並且是部署在一國之內而非國家之間，同樣嚴格遵守三項原則。

3. 較廣的維和行動（wilder peacekeeping）

此類行動逐漸擴張其任務至人道救援，並且在惡劣的環境下無法切確的遵守三項原則。

4. 強制和平（peace enforcement）

經由安理會的授權，此類行動通常會使用強迫性武力促使雙方遵守先前達成之協議，但這並不代表其目的在於取得軍事上的擊敗，而只是將安理會之意志加諸於違反協議之一方。

---

[52] Stefan Staehle, "China's Participation in the United Nations Peacekeeping Regime," *Master Thesis of The Elliott School of International Affairs of The George Washington University*, May 2006, pp. 16-18.

5. 支援和平行動（peace support operations）

此類的多功能（multifunctional）行動由可達成強制和平的強勢軍事部隊以及實行行政管理、民間警察以及人道救援的強大民事人員所組成，其任務包含了上述的過渡管理、較廣的維和行動以及強制和平以收綜合之效。

三、維和行動演變之原因概述

隨著時間更遞，維和行動在後冷戰時期出現了上述的變化，而這樣的變化則是立基於下述幾項原因：

（一）相異的衝突形式

前述所提及後冷戰時期國際衝突多由國家間演變為國家內的衝突，這除了是此時期維和行動的特色外也是推動維和行動演變的因素之一。發生在一國內的不穩定情勢對國際間的影響不見得比國家間的衝突小，除了慘烈的情形造成了對國家社會的巨大破壞與瓦解，更由於難民問題威脅區域安全與經濟穩定，使得幾乎所有冷戰後內戰事件都對國際與區域和平與安全造成嚴重影響[53]。這也解釋了為何後冷戰時期的維和任務會以支援和平行動為普遍的類型。

（二）國際共識的達成

冷戰結束後的國際氣氛提供了大國間達成前所未有合作共識的機會，經過波斯灣戰爭與安理會頻繁地使用經濟制裁和軍事行動維護國際和平與安全，促使 1992 年 1 月安理會會員國召開首次的

---

[53] 楊永明，**國際安全與國際法**（台北：元照出版社，2008 年 4 月），頁 234。

國家首長會議,要求改善及更經常地採行維和行動,促成了「和平議程」文告的產出,也使得安理會在 1990 年代的開會次數、決議案通過數目、援引憲章第七章次數、強制性制裁次數等都大幅提升[54],與後冷戰時期的演變特性相符合。

(三) 執行成效的要求

因為國際間對於維和行動日益重視,維和行動的執行成效也就理所當然的成為了各方檢討的焦點。一方面秘書處與會員國必須提供安理會所有相關資訊,以協助達成資訊完整的決策;另一方面維和行動各組成單位的有效協調過程也是任務成敗的關鍵[55],也因此促成了上述「布拉希米報告」的產出,可說是在技術與戰略面都對維和行動的演變造成了深遠的影響。

四、綜合評估

維和行動演變至今已和過去展現出了不小的變化,更是造成了對國際關係與聯合國體制的重要挑戰。從過去的維持國家間衝突情勢與斡旋角色,直到今日的介入內戰與主導全面性解決,這樣的新發展一般來說有以下幾點影響:

(一) 預防外交到國內行動──國家主權原則的挑戰

冷戰時期維和行動具有預防外交的性質,但後冷戰時期則因為因應國家內部的動亂與種族衝突而打亂了這樣的現象。因為維

---

[54] 同上註,頁 235、286-287。
[55] 同上註,頁 265-266。

和部隊本質上的變化，原本屬於國家內部管轄事務的內戰與衝突，可能因為違反重要國際法原則或影響區域安全與和平而成為國際干涉的理由及依據，同時目前維和行動普遍的任務內容如選舉事務或建立政治體制等，更是以往所被認定的國內事務[56]。

簡言之，「國家對於在其領域內的人或事務擁有完整和排他性權威」這樣的主權概念，已因為維和行動之介入以及安理會的合法性授權而有所動搖。

（二）監督停火到終止內戰──國際和平與安全概念的擴張

隨著維和行動任務範圍的擴張，聯合國憲章下的國際和平與安全之定義已經有了重大的轉變。不只國家間的衝突而是單一國家內部可能影響區域安全的動盪，已經成為安理會合法介入的理由；其他重大的人權違反情事如種族滅絕（genocide）也已經超脫了國內管轄範圍，成為了國際法禁制規範事項。安理會逐漸結合集體安全行動與維和行動介入國家內部事務，通常是伴隨著集體安全行動的軍事或經濟制裁後，繼而採取成立維和行動確保和平狀態的穩定持續[57]。

（三）緩衝角色到全面重建──聯合國角色的轉變

隨著後冷戰時期維和行動次數的激增，維和行動的功能已由傳統的預防外交轉為終止內戰與全面重建，維和行動的任務開始負擔了較以往更為廣泛的責任與工作內容。原則層面上，聯合國已逐漸成為後冷戰時期國際安全政策溝通、決策與執行方面的主

---

[56] 楊永明，前揭書，2003 年版，頁 264。
[57] 同上註，頁 267-268。

要角色；行政層面上，聯合國在各項維和行動中承擔了招募、協調、整合、財政、訓練及評估等各項功能，顯示其有由單純論壇性質國際組織轉變為扮演國際行政官僚功能的角色與期望[58]。

（四）維和行動與強制和平交相運用

近期的維和行動還有一項特點，就是安理會開始要求或是授權執行強制和平行為，使得維和行動不再嚴格遵守三項原則[59]而是帶有安理會意志的強制和平色彩。雖然這樣的用意在於讓維和行動扮演更多角色，且有效的解決當下特殊情勢與違反人權的狀況，但也可能造成衝突的一方主觀認定維和行動代表了某些特定國家之利益，而被認為部分維和行動與強制和平措施帶有雙重標準，如此將可能造成更多國際社會上的摩擦、誤解與衝突。

綜上所述，維和行動之性質及任務範圍已經從當初傳統的維和有了不小的轉變。過去的維和行動還可以與其他的聯合國和平行動作出區分，如需要得到衝突雙方同意、立場中立、只能使用武力以自衛等等。直到後冷戰時期因為外在環境的變化，數量上的增加已不足以成為維和行動的特點，反而是內涵上的轉變才是客觀上最引人注目的[60]。本書提出這樣變化的原因，就在於後半段中筆者將以這樣性質上的變化與中國處理對外關係的一些堅持

---

[58] 同上註，頁 270-271。

[59] 對於不再嚴格遵守三項原則的情況，中國學者普遍給予較為的負面評價。請參閱徐緯地，前揭文，頁 10-11；唐永勝，〈聯合國維和機制的演變及決定其未來走勢的主要因素〉，**世界經濟與政治**，2001 年第 5 期，頁 69；龐森，〈聯合國維和行動：趨勢與挑戰〉，**世界經濟與政治**，2007 年第 6 期，頁 26-27；陸建新，〈聯合國維和行動：現狀與挑戰〉，**世界經濟與政治論壇**，2005 年第 3 期，頁 101。

[60] 針對這樣的變化，中國學者認為這是一種「模糊」現象。請參閱徐緯地，前揭文，頁 11。

原則作對照，討論中國如何作出調適，進而探究中國增加參與維和行動的真正主因。

第三節　中國當前的國際戰略分析

　　為了探討中國參與聯合國維和行動且持續擴大的現象，前面的部分已經就國際建制理論中建制形成原因、維和行動之演變等外在因素做過介紹。然而，中國就其本身的戰略思考，尤其是其國際戰略勢必也是需要考慮的一環。

　　國際戰略指的是主權國家就客觀的整體國際關係、國際格局等事件，謀求其國家利益而產生的較長時期、全局性的謀劃與指導。國際戰略的特點有：是由國家最高領導階層謀劃和決策的、是處理國際事務和對外工作的總方針與原則、是較長時間內對外目標的全局性謀劃[61]。在分析國際戰略形成的步驟上，筆者以戰略研究之分類為基準來逐一探討，分別是：戰略思想、戰略計畫、戰略行動[62]；至於戰略行動則又可以分為環境、目標、手段三要素[63]，以下將逐一說明。

---

[61] 康紹邦、宮力著，**國際戰略新論**（北京：解放軍出版社，2006 年 8 月），頁 14-15。

[62] 鈕先鍾著，**戰略研究入門**（台北：麥田出版股份有限公司，1998 年 9 月），頁 95。

[63] 同上註，頁 150。

一、中國的國際戰略思想

戰略研究以思想為起點，無思想即無計畫，無計畫也就自不能採取合理有效的行動[64]。因此筆者在介紹中國國際戰略的部分起始也將就中國國際戰略思想，以及其思想的變化過程做說明。

(一) 第一代領導時期：戰爭與革命

毛澤東在 1950 年代通過對世界形式的分析，指出「現在的世界是處於革命與戰爭的新時代」；在 1960 及 70 年代的冷戰時期，中國受到蘇聯的軍事包圍，毛澤東對戰爭危險與世界革命形勢的估計仍舊很高，甚至引伸出「不是戰爭引起革命，就是革命制止戰爭」的論斷[65]，認為世界大戰不可免，又認為當時世界主要傾向是革命，一度把推進世界革命、實現社會主義在全世界的勝利作為中國對外工作的基本方針。如此中國經濟建設的正常進行受到阻礙，且因為偏重對外援助以推廣世界革命，中國整體的國家建設出現了極大的情勢推估錯誤，造成了自我封閉的狀態，干擾了發展的戰略方向性選擇[66]。

(二) 第二代領導時期：和平與發展

1980 年代繼承了毛澤東的鄧小平為了將中國帶離 10 年文革及鎖國所造成的大破壞，其所提出的各面向的改革思皆是由他對國際局勢的觀察以及清楚認識當時的中國國內所面臨的困難而來。鄧

---

[64] 同上註，頁 102。

[65] 門洪華，前揭書，頁 193。

[66] 王世誼，〈論中共三代領導集體全球戰略觀的演變〉；金燦榮主編，**中國學者看世界：大國戰略卷**（香港：和平圖書有限公司，2006 年 7 月），頁 221-222。

小平的國際戰略思想基本上由和平與發展兩大原則組成[67]，其中發展可分為經濟[68]與軍事[69]兩方面，和平則可分為反霸主義[70]、和平共處五原則[71]、獨立自主的和平外交政策[72]三方面。透過發展與和平以達到國際戰略中振興中華、建立國際政治與經濟新秩序的最終任務[73]。同時為了全力扶植國家實力以彌補過去發展真空時期之損失，鄧小平強調了「冷靜觀察、穩住陣腳、沉著應付、韜光養晦、有所作為、絕不當頭」的基本國策，以求專注於綜合國力的增強；同時在經歷六四「天安門事件」後，鄧小平也確立了以國家利益為最高準則處理同外國關係之原則，強調國家主權必須高於人權。總之，此時期確立了獨立自主和平外交、以經濟建設為重、集中體現國家政治、經濟、安全利益等國家利益的價值取向。

（三）第三與第四代領導時期：和平、發展與合作

江澤民接替鄧小平後面臨的國際情勢更為複雜多變，其體認到和平發展與全球化、多極化的時代特徵。因此其承襲鄧小平的旗幟，堅持獨立自主和平外交政策並以和平共處五原則展開全方位外交，使外交工作始終保持積極、穩健和科學的方向；同時倡導求同存異、和平解決爭端以及不結盟、不對抗、不針對第三國的新型態國家關係和通過對話增進信任的新安全觀[74]。

---

[67] 中共中央文獻編輯委員會，**鄧小平文選第三卷**（北京：人民出版社，1994年10月），頁104。

[68] 同上註，頁64-65、138。

[69] 同上註，頁70。

[70] 同上註，頁104、56、162。

[71] 同上註，頁328、96。

[72] 同上註，頁3、57、233、162。

[73] 同上註，頁353、363。

[74] 王世誼，前揭文，頁228-231。

　　胡錦濤在成為第四代領導之後也未改變鄧小平所遺留的和平發展大原則，同時也接續了江澤民的新安全觀概念。2005 年 8 月，中國針對新時期的國際戰略增加了合作此一原則，認為在維護人類共同安全、實現共同發展、推進不同文明和諧等方面都需要合作始能促成；此外在中國自身發展、中國所堅持的獨立自主和平外交政策等方面都需要遵循和平、發展與合作的方向前進，同時更認為「中國的發展離不開世界，世界的穩定與繁榮也需要中國。高舉和平發展合作旗幟、堅持走和平發展道路的中國，必將為維護世界的和平與發展作出新的貢獻」[75]。

二、中國的國際戰略計畫

　　自 1950 年代至今，中國對外戰略的每一次調整都是決策者在不斷變化的國際環境中基於國家利益與所受威脅進行戰略選擇的結果。透過上述關於中國國際戰略思想的沿革，我們也清楚地看出其所衍生的戰略計畫有隨著時代之變化[76]：

（一）1950 年代與蘇聯結盟的「一邊倒」戰略

　　這時期的中國對外戰略在於尋求對新政權的承認和支持。而在冷戰開始後，中國意識到只能從蘇聯方面得到支持，而且只有在採

---

[75] 中華人民共和國外交部，「和平、發展、合作──李肇星外長談新時期中國外交的旗幟」，2005 年 8 月 22 日。
　　http://www.fmprc.gov.cn/chn/wjdt/wjzc/t208030.htm （2008/2/28 查詢）
[76] 李少軍，〈新中國對外戰略的演變歷程〉；李少軍主編，國際戰略報告：理論體系、現實挑戰與中國的選擇（北京：中國社會科學出版社，2004 年），頁 563-611。

取明確立場站在蘇聯一邊才有希望得到這種支持。1950 年 2 月，中蘇簽訂了《中蘇友好同盟互助條約》後，中國自蘇聯方面得到經濟、軍事以及科技方面的援助，算是奠定了建國初期的基礎。

（二）1960 年代「反帝反修」的對抗戰略

　　1950 年代末期因為中蘇一連串國家利益與意識形態上的衝突，中國放棄了前述的「一邊倒」戰略，開始「兩個拳頭打人」而同時反對「美帝」與「蘇修」。中國此時期主要是反對蘇聯對其核武戰略的干涉以及與西方「低盪」（detente）作為的修正主義路線，並認為應與亞拉非等第三世界國家結成反帝反修統一戰線，推動社會主義世界革命。同時基於世界大戰不可避免的認知上，把安全戰略定位在「大打、早打、打核戰」上，使得中國在長時間上將戰備放在經濟建設之前。

（三）1970 年代聯美抗蘇的「一條線」戰略及劃分三個世界的戰略

　　此時期中國將蘇聯定位為社會帝國主義國家。因此將反對霸權主義的對象定位在蘇聯上，並加強與第三世界國家的團結，同時爭取第二世界國家的結合以建立包括美國在內的反蘇聯霸權主義的統一戰線。會作出和美國聯合這樣調整的原因主要是：要減緩來自蘇聯的威脅、擴大中國的國際活動空間以及希望通過中美關係改善以解決台灣問題。1974 年毛澤東更提出了劃分三個世界的觀點，如此不僅與美國合作，也加強了與歐日等第二世界的關係，更提升了中國在第三世界的威信[77]。可以看出中國的戰略思考更趨向現實主義，放棄了過去意識形態上鬥爭的理念，對國家利益和現實威脅的考慮成為了主導戰略調整的主因。

---

[77] 康紹邦、宮力，前揭書，頁 290-291。

（四）1980 年代「獨立自主與不結盟」戰略

　　此時期中國出現了從「戰爭與革命」到「和平與發展」的重要轉變，調整內容不再以打擊外部威脅為出發點，而是以國內政治與經濟改革需要為主。1978 年確立了改革開放、將重心轉向經濟建設的總方針；1979 年鄧小平指出要以現代化建設作為中國最大的利益，要求各項政策都要服務於這個利益。對外關係上，則從前一階段的「一條線」戰略轉向既與美蘇關係改善但也反對其追求霸權的獨立自主和平外交戰略。綜言之，中國已經跳出「世界革命利益觀」而轉向以經濟發展為中心的國家利益觀；對外關係上則從結盟對抗轉向獨立自主和不結盟。

（五）1990 年代「新安全」戰略

　　1990 年代中國在面對傳統軍事安全上是力求以和平、合作的方式解決問題，力求避免衝突升級，以爭取和平的戰略環境。同時中國也認識到非傳統軍事威脅面的安全議題，如生態變遷、貧困、傳染疾病等。「新安全觀」雖然仍強調將安全與經濟利益置於首位，但在內容上則更強調各種利益的綜合平衡，並且強調應結束冷戰時期的對抗思維而代之以合作的方式，以謀求共同利益和解決衝突。

三、當前的國際環境評估

　　了解中國當前國際戰略的思想與計畫後，在戰略行動中首先要釐清中國對於當前國際環境之評估，也就是中國如何看待目前的國際局勢。

（一）國際政治多極化

冷戰時期的美蘇兩強所形成的「兩極世界」在後冷戰時期已不復見，國際政治回歸多極是基本趨勢之一，多種力量正在形成對超級大國的制約。中國認為，冷戰後國際力量對比結構其實就是美國作為唯一的超級大國和其他幾個強國之間形成的「一超多強」的國際格局，即「單極多元」的世界格局；這種過渡性的格局具有明顯的雙重性：一方面，冷戰後美國仍然保持其優勢地位，使得當前的國際格局具有單極化的特點；另一方面，冷戰後各國致力於綜合國力的發展，使得本身同美國的實力差距正日益縮小，而這種多極化的走向是一種客觀存在的發展趨勢[78]。世界各主要國家在大戰威脅基本消除的情況下意識形態對立淡化，加強了處理國際事務的獨立自主性，並順應經濟全球化浪潮開展多邊經濟合作，深化周邊區域經濟合作。同時各國開始把制定反恐、防止大規模殺傷性武器擴散等應對非傳統安全威脅的各項舉措提上重要議事日程，尋求國際合作，多邊主義已成為絕大多數國家奉行的外交政策[79]。對中國來說，世界政治的多極化趨勢是戰略發展上難得的空間與機遇，也隨著新型態大國關係的建立，更需去注意新的多邊與雙邊關係[80]。

（二）世界經濟全球化

全球化把世界連成一體，加強和加深各國間的相互依存關係，擴大和增加各國間的共同利益，使固有的矛盾和分歧受到抑

---

[78] 陳岳，〈當前國際格局的基本特點和發展趨勢〉，<u>求是</u>，1999 年第 14 期，頁 26。

[79] 陳佩堯、夏立平主編，<u>國際戰略縱橫第一輯</u>（北京：時事出版社，2005 年 9 月），頁 9-11。

[80] 康紹邦、宮力，前揭書，頁 301-302。

制,使協調與合作成為國際關係的主流。各國面對日益洶湧的經濟全球化浪潮,其風險對政府的國際經濟政策的挑戰也日益嚴重,決策者極難把握[81]。

經濟全球化對中國來說客觀上是有利的。首先、全球化促進了國際行為主體的多元化,此則有利世界格局多極化的發展;其次、全球化時代各國經濟利益緊密相連,有利於維持世界的和平;第三、全球化還改變了傳統的以國家間矛盾為主體的安全威脅態勢,各國的共同利益或國際社會的整體利益越來越需要各國加強合作共同保護,諸如恐怖主義、跨國犯罪、環境污染等人類共同面臨的安全問題日益尖銳,成為各國共同的威脅、需要共同應對[82]。

然而全球化也同時帶給中國極大的挑戰。這種挑戰不僅來自科技革命對國家主權行使範圍和空間的改變、經濟相互依賴對國家經濟自主權的制約、經濟一體化導致的國家經濟主權行使的讓渡、國際行為的多元主體也逐漸對國家內政與主權造成侵犯[83]。

(三)各國政治的民主化與發展模式的多樣化

隨著各國社會經濟水準的提高,人們要求得到與經濟生活水準相應的社會政治地位,這與要求國家政治更趨尊重人權、以人為本的發展趨勢聯繫在一起,使政治民主化或完善民主政治體制成為現代化的重要組成部分。許多國家尤其是發展中的大國,在完成自身經濟政治和社會現代化的過程中創造自己的發展模

---

[81] 陳佩堯、夏立平,前揭書,頁 8。

[82] 康紹邦、宮力,前揭書,頁 304;宮力、劉德喜、劉建飛、王紅續著,**和平為上:中國對外戰略的歷史與現實**(北京:九州出版社,2007 年 3 月),頁 250-251。

[83] 韓源等著,**全球化與中國大戰略**(北京:中國社會科學出版社,2005 年 12月),頁 203-204。

式。在和平發展為基本特徵的時代，國際形勢為各國的發展創造
與自身相適應的模式提供機遇，同時發展模式的多樣化又構成推
動世界和平發展的重要因素[84]。

（四）和平與發展仍是當前的主軸

與冷戰時期相比，後冷戰時期的國際局勢相對緩和，除了沒有
軍事集團的對峙以外，同時也可從其他幾個方面觀察出來：人民更
加反對戰爭、要求維護和平，反戰示威處處可見；東西矛盾已不像
過去如此尖銳，因為國家間接觸的機會增多，共同利益也逐漸上
升；發展競爭越趨激烈，多數國家都把注意力放在本國發展之上，
因此也都重視和平的維持；科技進步更加迅速，國際競爭的項目由
軍事競賽轉向經濟、科技領域，減緩了直接衝突的機會[85]。

四、當前中國的國際戰略目標

國際戰略之制定在環顧國際環境之後，就必須把目標明列，以
求其最終之達成。對於當前複雜多變的國際情勢，中國之目標在於
服務其國家之國際利益並塑造國際新秩序。

（一）需服務國家之國際利益

過去中國國際戰略一直迴避國家利益，但隨著改革開放，國
家利益成為了制定國際戰略的基本出發點，國際利益被納入國家
利益之中[86]。當前中國的國際利益在於提高全球意識和國際影響

---

[84] 陳佩堯、夏立平，前揭書，頁 10-11。
[85] 康紹邦、宮力，前揭書，頁 300-301；宮力、劉德喜、劉建飛、王紅續著，
前揭書，頁 251-252。
[86] 閻學通，**中國國家利益分析**（天津：天津人民出版社，1997 年），頁 33。

力,並進一步發掘成為世界強國的潛力;21 世紀中,客觀上中國被要求主動參與重大事務,也只有如此才能確保國家利益。除了積極參與國際制度,中國也必須承擔負責任大國的聲譽,樹立公共利益參與者及維護者的形象[87]。

　　然而如同前部分有關全球化對國家主權所帶來的挑戰,全球化也造成了國家利益判斷上與面向上的複雜性。而也就在這樣氛圍之下,不自主的全球意識[88]轉移了傳統上人民對國家的忠誠,開始解構民族國家的凝聚力,從而弱化了對國家利益的認同,因此國際戰略的目標之一即是在重塑符合當今全球化潮流下的國家利益。在全球化時代維護國家利益時,有以下幾點必須注意[89]:

（1）全球利益是國家利益的一部分,而國家利益必須以全球利益作為判斷其合理性的前提。因此正確的國家利益觀應該是,在保證國家的生存與主權獨立的基礎上,以不損害全球共同利益為根本前提,尊重他國合理利益的同時,最大限度的追求和實現自身國家利益。

（2）在全球化時代下,國家利益的層次性與動態性必須掌握,且國家利益之範圍也是具有彈性的。在掌握了這些要件後,再以科學合理方式確定各項利益的優先順序,為戰略及政策的制定提供合理客觀的依據。

---

[87] 康紹邦、宮力,前揭書,頁 326。

[88] 全球意識係指,承認國際社會存在共同利益、人類文化現象具有共同性的基礎上,超越社會制度和意識形態的分歧,克服民族國家和利益集團的限制,以全球視野去考察和認識社會生活以及歷史現象的思維方式。請參閱蔡拓,〈全球化時代國家利益的定位與維護〉;王逸舟主編,**中國學者看世界:國家利益卷**(香港:和平圖書有限公司,2006 年 7 月),頁 152。

[89] 同上註,頁 154-158。

　　國家利益必須在國際制度的框架下實現，國際制度已經對於國家利益產生了一定程度的制約，游離於主要國際制度之外或甚至與其相對抗，在當前的國際環境中是行不通的。國家應該採取合作為主的態度，積極參與各種主要的國際制度，在國際合作中增強維護國家利益的主動性。

（二）塑造國際新秩序

　　1950 年代與 1970 年代周恩來與鄧小平分別有過塑造國際秩序的嘗試。改革開放後隨著中國漸漸融入國際，塑造國際秩序也成為中國的國家利益之一；冷戰結束後這樣的情況未減反增，中國認知到積極促進國際新秩序的建立，將有助於其國家利益。2002 年中共十六大時江澤民闡明了中國在新世紀建立國際政治經濟新秩序的主張；2003 年 5 月，胡錦濤在莫斯科的演講闡明了推動建立公正合理的國際政治經濟新秩序的五項主張：促進國際關係民主化、維護和尊重世界的多樣性、樹立互信互利平等和協作的新安全觀、促進全球經濟均衡發展、尊重和發揮聯合國及安理會的重要作用[90]。

　　建立國際新秩序對中國來說是順利崛起的重要國際條件，也是中國第一次有機會在建構全球秩序中發揮積極而全面的作用。要達到塑造國際新秩序的目標，中國一方面要加強其綜合國力，一方面則要持續提倡諸多對外原則。和平共處五原則符合現代國際關係中的民主精神，以追求國家自身之利益與國際社會總體利益間之協調，達到國際關係民主化，而其實多極化與多邊主義就意味著國際關係的民主化，更可提供國際關係穩定的基礎[91]；尊

---

[90] 〈胡錦濤在俄演講　闡述國際政治經濟新秩序五主張〉，**華夏經緯網**，2003 年 8 月 7 日。
http://big5.huaxia.com/zt/2003-13/150165.html（2008/3/3 號查詢）
[91] 康紹邦、宮力，前揭書，頁 165。

重文明多樣性，承認和尊重各國在歷史傳統、文化背景、社會制度及文明樣式上的差異，容許各種制度與文明和平共存。經濟方面中國則確立了與全球化相適應的基本國策，堅持擴大對外開放並積極融入全球化的進程。同時中國也開始認識到必須在國際上建立起積極、負責任、建設性的大國形象，如此在實際與精神面都可以雙管齊下達到塑造國際新秩序的目標[92]。

　　無論是透過什麼方式達成塑造國際新秩序的目標，對中國來說要在多極化的趨勢中努力佔有其中重要的席位，也就是要成為多極中之一極，同時也為了推進多極化的國際情勢而展開多邊外交[93]。總之，制定國際戰略之目的即為實現當前的戰略目標，也就是符合當前的國家國際利益，而塑造國際新秩序就成為服務國家利益的先決條件。塑造國際新秩序除了要達到一些精神層面目的外，也將透過某些手段達成實際目標，如融入國際社會、提出新安全觀等，筆者將在手段中詳細介紹。

五、當前中國的國際戰略手段

　　為了實現上述的國際戰略目標，手段的確立也是非常重要的。筆者在此將羅列與本書相關的一些中國當前作為，以說明中國實現國際戰略之手段。

（一）韜光養晦、有所作為

　　中國處於改革開放的初期階段時，為求先達成國家實力的提升，鄧小平提出了「韜光養晦、絕不當頭」的口訓，希望以國內

---

[92] 門洪華，前揭書，頁 331-333。
[93] 宮力、劉德喜、劉建飛、王紅續，前揭書，頁 255。

政策為先而盡量避免參與國際事務以背負過多責任與成本。然而經過了客觀上國際情勢與中國自身情況的改變，中國漸漸了解到基於國際社會的敦促以及國際制度內化的結果，其已無法繼續以消極的態度面對國際上的要求[94]。韜光養晦是培植自身實力的原則，直到目前仍適用，但並不代表中國在國際事務上是無所作為的[95]，而應該是有所為有所不為，並量力而行[96]；反而應該是一方面韜光養晦，一方面有所作為以表現出達成上述兩大國際戰略目標的態勢。因此在新世紀的實際對外作為中，提升實力、調整與大國間之關係、加強周邊國家協調合作關係、調整與發展中國家關係、更深的融入國際制度等都是有所作為的具體展現。

（二）新安全觀

中國認為國際和諧秩序的威脅如霸權主義、單邊主義等不時出現，而在全球化時代一些非傳統安全問題又逐一浮現，加上其所認定的理想國際新秩序之建立，中國認為在一個相互依存程度越來越高的世界上，安全是相對的概念，只有通過積極合作才能確保相互安全。1999 年 3 月，中國國家主席江澤民在瑞士日內瓦裁軍談判會議上發表談話，首次正式提出和闡述「新安全觀」；另外，在 2000 年 9 月的聯合國千禧年高峰會上發表演說時他又提到拋棄冷戰思維的「新安全觀」。綜合其中內容，新安全觀的核心乃是互信、互利、平等及協作，而其中互信是基礎、互利是目的、平等是保證、協作則是作為方式[97]。

---

[94] 相關比較可參閱王逸舟，**全球政治與中國外交**（北京：世界知識出版社，2003 年 12 月），頁 249。

[95] 宮力、劉德喜、劉建飛、王紅續，前揭書，頁 259。

[96] 康紹邦、宮力，前揭書，頁 351。

[97] 熊光楷著，**國際戰略與新軍事變革**（北京：清華大學出版社，2003 年 10

　　互信即是各國家間相互信任，在此基礎上發展有效的合作；互利則是提倡積極參與國際安全合作有利於本國安全，也可對他國或是國際安全作出貢獻，其強調的是共同安全之概念；平等是各國協商、通過對話解決安全問題的前提；協作則代表新安全觀強調透過對話實行合作，例如在聯合國或是地區安全機制內合作[98]。新安全觀是中國當前建立國際新秩序的具體手段之一，同時也符合其主觀上主張的平等、合作等原則。

（三）建構和諧外交

　　中共十六大提出了在21世紀前20年全面建設小康社會的戰略目標，其中達成此目標的關鍵之一就是要爭取和平穩定的外部環境。因此中國官方自2003年11月至2004年4月間分別由鄭必堅、溫家寶以及胡錦濤釋出了「和平崛起」之概念[99]，以爭取國際對於中國傾向和平之認同；然而也許因為「崛起」的概念太為敏感、受到太多國外言論的質疑，甚至被認為有為「中國威脅論」推波助瀾之嫌疑[100]。因此自2005年3月溫家寶在「政府工作報告」中首次完整闡述「和平發展」概念正式明文成為當今中國的國家戰略[101]。

月），頁51-53。

[98] 同上註，頁53。

[99] 因為目前中國官方已不再沿用此一概念，因此有關「和平崛起」的重點與涵義在本書中省略。相關資料可參考張書瑋，〈中共「和平崛起」論的轉變與戰略架構意涵〉，**國防雜誌**，第22卷第2期，2007年4月，頁88-89。

[100] 中國學者閻學通卻對「崛起」概念保持正面看法，請參閱閻學通、孫學峰等著，**中國崛起及其戰略**（北京：北京大學出版社，2005年12月），序言，頁4-6。

[101] 〈和平發展首次作為國家戰略提出意義重大〉，**新華網**，2005年3月12日。http://www.202.108.249.200/news/china/20050312/100257.htm（2008/2/28 查詢）

2005 年 12 月中國國務院新聞辦公室更將此一概念發表為《中國的和平發展道路》白皮書，包含了以下幾點重要內容：[102]

（1）爭取和平的國際環境發展自己，又以自身的發展促進世界和平；

（2）依靠自身力量和改革創新實現發展，同時堅持實行對外開放；

（3）順應經濟全球化發展趨勢，努力實現與各國的互利共贏和共同發展；

（4）堅持和平、發展、合作，與各國共同致力於建設持久和平與共同繁榮的和諧世界

　　白皮書中強調中國過去經濟發展的成果，因此需要一個相對安定的外在環境之外，也多次強調「和平」之意圖。其中除了認為中國過去遭受過西方國家不平等待遇且「和平」概念符合世界潮流，當中也強調了文化的角色：「中華民族歷來就是熱愛和平的民族。中華文化是一種和平的文化。渴望和平、追求和諧，始終是中國人民的精神特徵[103]。」

　　中國在 2004 年提出了「和諧社會」[104]之概念，其用意在於先力求儒家思想對中國內部之穩定與和諧功效，其後再由國內的和

---

[102] 中國國務院新聞辦公室，**中國的和平發展道路白皮書**，2005 年 12 月。

[103] 同上註。

[104] 「和諧社會」是在 2004 年 9 月 19 日中共中央十六屆四中全會「中共中央關於加強黨的執政能力建設的決定」中首次提出，並將其正式列為中共全面提高執政能力的五大能力之一。
〈建構社會主義和諧社會〉，**新華網**，2005 年 3 月 23 日。
http://news.xinhuanet.com/ziliao/2005-03/23/content_2732356.htm
〈關於加強黨執政能力建設的決定〉，**新華網**，2004 年 9 月 26 日。
http://news.xinhuanet.com/newscenter/2004-09/26/content_2024232.htm（以上皆為 2008/2/28 查詢）

諧向外推展到外部世界的和諧，例如 2005 年 9 月胡錦濤在聯合國六十週年大會中演講所提倡的「和諧世界」[105]以及 2006 年 6 月所提倡的「和諧亞洲」[106]。對於「和諧世界」所追求的根本價值目標，中國認為應是建立民主、公正、平等的國際政治經濟秩序，實現世界的持久和平與普遍繁榮。理想的「和諧世界」應當是一個多元、民主、公正、寬容、誠信、合作、互助以及可持續發展的世界[107]。因此胡錦濤在演講中提到建立「和諧世界」的幾點意見：「堅持多邊主義，實現共同安全、堅持互利合作，實現共同繁榮、堅持包容精神，共建和諧世界、堅持積極穩妥方針，推進聯合國改革」[108]；而在「和諧亞洲」概念下胡錦濤則提到：「堅持互信協作，建立亞洲新型安全架構、堅持相互借鑒，促進各種文明共同繁榮、堅持多邊主義，加強區域內外合作、堅持互利共贏，繼續深化經濟合作。」[109]

　　這一系列的和諧概念，不僅對內要消除中國在改革開放後意識形態上的真空狀態所帶來的社會不穩定問題[110]，對外更是穩定外部環境所不可或缺的重要方向。2006 年 8 月中共中央外事工作會議即指出，推動建設「和諧世界」既是中國外事工作指導思想的重要內容，又是外事工作的重要任務之一，推動建設和諧世界

---

[105] 〈胡錦濤：「努力建設持久和平、共同繁榮的和諧世界」〉，**中國網**，2005年 9 月 16 日。
　http://www.china.com.cn/chinese/news/971778.htm（2008/2/28 查詢）
[106] 〈「攜手建設持久和平、共同繁榮的和諧亞洲」〉，**人民網**，2006 年 6 月 18 日。
　http://politics.people.com.cn/GB/1024/4496181.html（2008/2/28 查詢）
[107] 俞可平，〈和諧世界理念下的中國外交〉，**瞭望**，2007 年第 17 期，2007 年4 月 23 日，頁 30。
[108] 〈胡錦濤：「努力建設持久和平、共同繁榮的和諧世界」〉。
[109] 〈攜手建設持久和平、共同繁榮的和諧亞洲〉。
[110] Daniel A. Bell, "From Marx to Confucius," **Dissent**, Spring 2007, p. 23.

是我國對外政策中綱領性的主張和目標，對我國外交工作全局有著重大指導意義。也是對外政策中綱領性的主張和目標。

（四）融入國際社會、展開多邊外交

如前所述，當前國際環境是政治多極化與經濟全球化的時代，為了抓住可以塑造國際新秩序的戰略機遇期以符合國家利益,中國在上述三種實際手段之外還追求融入國際社會、展開多邊外交。其中特點在於：強調全面充分的參與，力爭更大的發言權；要比過去更加主動地加入地區性國際組織或機制；在手法上保持鄧小平漸進務實的特徵，要在多極化與全球化時代中趨利避害。與過去相比，由「革命造反」到「建設優先」直至「責任不可迴避」，可以觀察出中國在一路發展道路上所受到國際影響之明顯特徵[111]；也就是說中國逐漸開始了「社會化」的過程，將國際社會的規則與價值觀念內化而不再把革命當作變革國際社會的途徑,而是把廣泛參與國際社會作為現代化的前提和重要途徑[112]，同時也要透過參與國際社會傳達中國負責任大國的國際形象。

即使傳統上中國習慣於雙邊關係的進行，但因為國際環境的變化影響之下，中國開始重視多邊外交的面向。多邊外交主要是國家行為體間良性互動的制度性或規範性安排[113]，協調與合作是其特徵，也強調行為體間的共同安全利益及責任，同時具有一定的開放性與包容性，也標明了世界多元化的發展趨勢[114]。同樣如

---

[111] 王逸舟，**全球政治與中國外交**，頁 247-249。

[112] 門洪華，前揭書，頁 290-291。

[113] 過去的多邊主義強調以國家為行為主體，新近的多邊主義則更強調了多種非國家行為體間的協調與互動。請參閱秦亞青，〈多邊主義研究：理論與方法〉，**世界經濟與政治**，2001 年第 10 期，頁 9、13。

[114] 門洪華，前揭書，頁 202-203。

參與國際制度一般，中國也面臨了多邊主義逐漸盛行的客觀環境，於此中國同樣選擇了接觸而非排斥的心態，調整其過去的封閉立場而積極地參與多邊外交，以求積極地維護其國家利益。

總之，中國對外關係的思維已經有了實質的變化，同時這樣的變化也反應在實踐國際戰略的具體手段中。其變化可歸納如下[115]：

（1）多邊主義與多邊外交取代雙邊與單邊主義

（2）參與接受以及創造合適的多邊制度

（3）調整絕對排他的主權觀，接受來自國際制度更多的束縛，並遵守大部分的國際制度

總結來說，中國當前的國際戰略是立基於三種需求的平衡之上，即發展利益及需求、主權利益及需求、責任利益及需求[116]。前兩者都是隨中國國內情勢變化而生的，後者則出自於國際社會的要求；這三種基本需求不是平列的、等重的，而是有一種由內向外、由近至遠、緩急不均的次序，它們基本上是互利的，但也會產生重大的矛盾與摩擦[117]。當前的中國在這樣的情勢下，必須找出權利與義務間的平衡點，以調和上述三種需求間的矛盾而取得其中的和諧。

在之後第三章的開頭部份，筆者將針對與本書最有直接相關連的融入國際社會此一部分作更為深入的介紹。其中不僅將羅列中國參與國際制度的時間性變化過程，也將進一步整理出中國加入聯合國並參與維和行動在時間上所呈現出的行為演變結果，隨後則開始介紹中國參與聯合國維和行動的實際內容。

---

[115] 蘇長和，〈世界政治的轉換與中國外交研究中的問題〉，**教學與研究**，2005年第 11 期，頁 34。

[116] 王逸舟，〈面向 21 世紀的中國外交：三種需求的尋求及其平衡〉；金燦榮，前揭書，頁 195-217。

[117] 同上註，195。

第三章　中國參與聯合國維和行動之情形

　　如前一章所述，當前中國的國際戰略目標之一在於塑造國際新秩序，其手段則是展開多邊外交並融入國際社會以取得國際之信任，進而營造對其友善的國際環境下持續發展。為配合本書之主題，筆者選擇以中國參與聯合國維和行動為例，來探討中國如何在進入聯合國後改變其對於維和行動之態度，以配合上述目標。

　　本章第一節將放大介紹中國融入國際社會與聯合國之歷程；第二節與第三節中筆者則在大致介紹中國傳統的秩序觀與主權觀後，開始說明 1999 年以前以及 2000 年之後中國參與維和行動之情形，說明之內容將分為實際參與行為以及投票行為兩大部分，並將第三節中之實際參與行為再細分為數量與質量兩方面分別呈現，以求盡量完整地將中國一路走來的作為傳遞予讀者；最終再將此章內容做一小結。

第一節　中國融入國際社會

　　本書之主題在於探討中國融入國際社會中最重要的國際組織──聯合國並參與維和行動之情況。然而，在了解中國自 1971 年加入聯合國後的發展之前，其是如何面對變化中的國際局勢，又是怎麼調整其自身融入國際社會的步調，筆者認為這也是本書所不能忽略的一部分。此部分將先敘述中國融入國際社會的進程，而後再討論中國與聯合國之關係發展歷程。

一、中國參與國際制度之歷程

一般來說，學者間將此歷程分為三階段[1]，門洪華則分為五個階段，除了第一部分 1949 年前的情況筆者加以省略外，介紹其餘四個階段如下：

（一）1949-1970 年：相對孤立

在冷戰的氛圍下，中國經歷「一面倒」、「反兩霸」的時期。雖然急於獲得國際承認，卻又因為意識形態無法接受西方為主的國際制度。在此時期中國追求獨立盟友的地位，強調對民族解放的熱情支持和對帝國主義的堅決反對。意識形態掛帥的這個年代，中國體現出十足的革命性，甚至附有挑戰國際制度之形象，將改變國際制度本身作為其追求的目標[2]。

（二）1971-1978 年：消極參與

隨著「三個世界」理論的提出與中美外交突破，中國的挑戰者角色開始淡化。中國開始得到國際社會之承認，其本身也調整為社會帝國主義的反對者以及第三世界的代言人。然而中國對國際制度的懷疑並沒有立即消除，這時候的中國仍搖擺在國際制度局內者與局外者之間，被動參與、消極參與的形象仍然甚為明顯[3]。

---

[1] 夏建平著，認同與國際合作（北京：世界知識出版社，2006 年 11 月），頁 196-199；王逸舟著，全球政治與中國外交（北京：世界知識出版社，2003 年），頁 243-244。但是夏與王之間的分法又不一樣。夏分為：1949-1978（排斥與否定階段）、1978-1992（出於利益而參與階段）、1992 至今（認同深化並建設性參與階段）；王則分為：1949-1970、1971-1978、1979 年以後三階段。

[2] 門洪華，建構中國大戰略的框架：國家實力、戰略觀念與國際制度（北京：北京大學出版社，2005 年 2 月），頁 251。

[3] 同上註，頁 251-252。

（三）1979-1991 年：部分參與

　　1978 年鄧小平主持改革開放後，中國也開始逐步深化融入國際社會。擺脫意識形態而求增進實力，中國放棄挑戰者的角色，改採了較為建設性的接納態度；同時因為尋求經濟利益的目標，此時期的中國幾乎都是以參與和經濟相關的國際制度為主。也因為放棄了意識形態、以國家利益為主的對外指導方針，中國逐漸認知到加深對國際制度的參與將是符合國家長遠利益的，同時也可紓解過去錯誤方向所造成的國內壓力，中國與國際制度的關係因此開始出現了良性的互動[4]。

（四）1992 年以後：全面參與

　　隨著全球化時代的來臨，中國認知到沒有回到過去孤立時期的可能，只有繼續融入才能掌握趨勢的脈動，也才可能繼續尋求全球化時期的國家利益。除了要參與國際制度以尋求跨國問題的解決之外，爭取國際認同，使各國理解中國的成長是國際社會的正面力量而非相反，更是中國的重要課題。總之，一來因為美國等西方國家圍合戰略（congagement）的驅使、二來客觀不確定安全因素的增加，再加上為了消彌中國威脅論，中國在被動或主動上都構成了全面參與國際制度的條件[5]。

　　從 1960 年代中期到 1990 年代中期，中國由完全的孤立於國際社會之外轉向參加了月 80% 的相關組織，而整個 1990 年代中國的參與情形更是呈現出「過於捲入」（over-involved）的情況[6]。然

---

[4]　同上註，頁 253-254。
[5]　同上註，頁 256-259。
[6]　江憶恩（Alastair Iain Johnston），〈中國和國際制度：來自中國之外的視角〉；

而由上述幾個時期的描述可知，除了有些部分是主動參與外，其餘都是因為外部的因素而驅使了中國對國際制度與國際社會態度的轉變。1992 年之後為了消彌中國威脅論而主動出擊，嚴格來說也只是一種消極的參與方式，目的是為了防止一種對中國可能潛在的傷害，而非是為了建立一種符合中國本身利益的國際制度。然而，這樣的狀況其實已經正在逐漸調整中，中國已經開始著手主導一些的地區性或全球性的國際制度，可以說除了追求國家形象之外，也正開始要從技術面尋求多邊合作中的國家利益[7]。

二、中國參與聯合國之歷程

聯合國做為國際間最具指標及綜合意義的國際組織，中國在參與其間之歷程其實和前述參與國際制度之歷程極為相似。兩者在不同時期過程中的作為，基本上都受到了國內意識形態以及對外政策以及國際局勢之影響。然而單獨將中國與聯合國的互動抽出來另作說明，相信可以更具體並詳實地呈現本書之相關主題。以下為幾個時間點的分期：

王逸舟主編，**磨合中的建構：中國與國際組織關係的多視角透視**（北京：中國發展出版社，2003 年 3 月），頁 347-348。

[7] Marc Lanteigne, *China and International Institutions: Alternate paths to global power*(New York: Routledge, 2005), p. 146.其餘相關資料，請參閱 Samuel S. Kim, "China's International Organizational Behaviour," in Thomas W. Robinson and David Shambaugh, eds., *Chinese Foreign Policy: Theory & Practice*(New York: Oxford University Press, 1994), pp. 408-416.

（一）1949-1971 年：中國對聯合國的不滿、批評、譴責態度明顯

此一時期中國與聯合國的關係緊張，衝突、對抗是主要特徵，挑戰是中國對聯合國外交行為的主流[8]。雖然 1950 年代時，中國當時希望可透過加入聯合國取得國際承認，但是 1960 年代後隨著這種希望的破滅，中國對聯合國轉趨不滿，認為聯合國已經淪為「以美國為首的帝國主義集團擴大侵略戰爭的工具」[9]，甚至一度提出要建立「革命的聯合國」[10]。

（二）1972-1989 年：中國與聯合國的接觸日趨活躍

1971 年 10 月中國取代台北進入了聯合國，但在 1970 年代中國仍把聯合國視為承認第三世界國家合法地位、反霸和反美活動的工具，並未當它是促進中國利益和發展的舞台[11]。由於 1980 年代中國更深入的參與了聯合國周邊的組織與制度，中國開始關心聯合國可以為中國做些什麼[12]；伴隨改革與開放的進行，聯合國日益成為中國引進資金、技術和訊息的重要管道[13]。甚至在 1985 年聯合國成立四十週年時，當時的總理趙紫陽一改過去中國對聯合國的消極，而認為其是「不可替代的，應該加強聯合國在世界事務中的職能和地位」[14]。

---

[8]　趙磊，建構和平：中國對聯合國外交行為的演進（北京：九州出版社，2007年9月），頁20。

[9]　王逸舟主編，中國國際關係研究 1995-2005（北京：北京大學出版社，2006年8月），頁334。

[10]　伊麗莎白‧埃克諾米（Elizabeth Economy）、米歇爾‧奧克森伯格（Michel Oksenberg）主編，中國參與世界（北京：新華出版社，2000年），頁48。

[11]　同上註，頁49。

[12]　同上註，頁50。

[13]　趙磊，前揭書，頁31-32。

[14]　王逸舟主編，中國國際關係研究 1995-2005，頁334-335。

（三）1990 年後：中國與聯合國步入深層次互動階段

　　1990 年代中國保持了對聯合國的積極態度，如當時的總理李鵬在 1992 年首次出席安理會高峰會議、在 1994 年參加里約熱內盧的地球高峰會；國家主席江澤民出席了 1995 年的聯合國五十週年慶典等等[15]。中國和聯合國在政治、經濟、全球責任等領域密切合作，可以從十四大後至今中國官方對聯合國地位的重視、積極在其產出的官方文件中闡述聯合國與安理會的重要性即可得知。1995 年江澤民在講話中提到：「聯合國是當今世界上最有廣泛性和權威性的政府間國際組織，是其他國際組織所不能代替的。」[16]2000 年江澤民又提到：「聯合國的積極作用只能加強而不能削弱，其權威必須維護而不能損害。」[17]

　　2005 年中國更是提出了《關於聯合國改革問題的立場文件》，其中也再次強調了聯合國地位的重要性[18]。聯合國對中國加速成為大國來說非常重要，加上近年多邊外交的提倡[19]，聯合國一方

---

[15] 伊麗莎白・埃克諾米、米歇爾・奧克森伯格主編，前揭書，頁 51。

[16] 〈邁向新的發展歷程——第五十屆聯大展望〉，**人民日報**，1995 年 9 月 19 日，第 6 版。

[17] 〈江澤民在聯合國千年首腦會議上的講話〉，**新華網**，2000 年 9 月 6 日。http://202.84.17.11/world/htm/20000907/103358.htm（2008/3/19 查詢）

[18] 中國國務院新聞辦公室，**中國關於聯合國改革問題的立場文件**，2005 年 6 月 7 日。http://www.fmprc.gov.cn/ce/ceun/chn/xw/t199100.htm 其他相關性講話如，中華人民共和國外交部，**楊潔篪外長在中國與聯合國及其他國際組織駐華機構新年聯誼會上的致詞**，2007 年 12 月 19 號。http://www.fmprc.gov.cn/chn/wjb/zzjg/gjs/gjzzzhjg/t391251.htm（皆為 2008/3/19 查詢）

[19] 〈外交部闡述中方對聯合國首腦會議主張的四重點〉，**中國網**，2005 年 9 月 14 日。http://big5.china.com.cn/chinese/zhuanti/lhg60n/969893.htm（2008/3/18 查詢）

面成為中國展現其負責任大國形象的舞台，一方面也成為了對抗
美國單極霸權的最佳場合。

　　由上述可知，融入國際社會和參與聯合國的歷程中，中國都
因為過去的意識形態與對外部環境認知的轉變而逐漸改變其對外
關係之作為。在每個特定時期中，依據不同的現實狀況調整其國
際戰略。配合當前的國際戰略，中國對於國際之融入及聯合國關
係較以往重視並積極許多，因為這是目前被認為服務國家利益並
塑造國際新秩序的最佳辦法。在大致了解中國參與國際及聯合國
的歷程後，後續的部分筆者將開始介紹中國參與聯合國維和行動
的情形，並分為 1999 年以前及 2000 年之後作說明。

第二節　1999 年之前中國的參與情形

　　中國自 1971 年進入聯合國後，其對於維和行動的態度與立場
從當時至今已有極大的轉變，且這樣的轉變還可追溯至中國本身
長久以來對於主權、國際秩序等原則性看法的變動。筆者以 1999
年所發生中國在貝爾格勒大使館被誤炸事件來做為本章第二與第
三節的劃分點，原因則會在討論過程與結論中加以交代。本節中
也就是 1999 年之前中國所參與過最引人注目的任務，當屬柬埔寨
過渡時期聯合國權力機構。以下開始這段時期參與情形的說明。

一、中國傳統秩序觀與主權觀

　　中國古代的世界秩序在文化象徵上較政治變動更來的多，是
一種消極的、防禦性的並且是較為口語上而非真實的。整體來說，

中國缺乏一種動力與必要因素以驅使其擴張或強加其意志於不順從的其他國家。因此，以中國為中心的世界秩序合法性較多依賴於道德規範而非軍事力量[20]。同時在武力使用上，如果是為了保持內部的穩定與維持公眾利益，這是王道精神的一種延伸，是可接受的；反之如果戰爭與干涉只是因為領土、經濟或戰略上的擴張，這都是不公正的，是霸道或是霸權本質的反射[21]。

因為這種中國傳統上較注重道德、公正的秩序觀與西方世界的主權觀和秩序觀念相差甚大，因此在東西方觀念磨合的那段時間中，中國的經歷是痛苦且黯淡的。中國傳統上通常不願意干涉地理位置上在戰略核心地區以外的國家，並且同時堅定地反對在領土上或政治上對於中國整體主權的侵犯[22]。在經歷過歷史上清朝末年那段中國人所認為的屈辱後，中國近代反而轉變成西發利亞原則、嚴格國家主權的擁護者。在完全接納聯合國之前，也害怕它會變成一個超級的世界政府，因此中國非常注重聯合國憲章所體現之精神，也就是聯合國本質上還是以主權國家為基礎而所共同成立的。這樣的精神在 1949 年後共產中國成立後一直存在，甚至有一段時間中無限上綱成為對外政策的唯一原則。

然而隨著世界局勢的變化，以及如前一節所述的與外界增加接觸之後，這樣嚴格的主權觀與秩序觀也受到了一些影響。許多中國分析家認為，傳統的國家主權應該要置於促進中國整體國家利益原則之下，甚至「主權不再等同於國家利益」。也就是在以

---

[20] Samuel S. Kim, ***China, the United Nations and World Order***(New Jersey: Princeton University Press, 1979), p. 45.

[21] Bates Gill, ***Rising Star: China's New Security Diplomacy***(Washington D.C.: The Brookings Institution Press, 2007), p. 107.

[22] ***Ibid.***, p. 105.

國家利益為中心的出發點下，主權的刻板界線逐漸模糊，因此越來越多的中國學者接受「某些程度的與國際社會合作以加強中國的整理實力」這樣的論述[23]，而這樣子的彈性與改變，在某些程度上從中國對聯合國維和部隊的參與行為中，就可以明顯地觀察出來。

二、1971-1999 年的參與行為[24]

在中國還未加入聯合國的 1950 及 1960 年代期間，其將維和行動看作是「聯合國軍」，是帝國主義的警察部隊。中國內部的報刊媒體大肆抨擊維和行動，認為聯合國已經淪為美國操縱下的工具，而「聯合國軍」就是一支被建立來「鎮壓世界人民革命鬥爭的國際憲兵」。[25]

中國於加入聯合國後的前十年，也就是 1971 至 1981 年期間，其對於維和行動的態度仍然是極為排斥的。這段時間中，由於過去與其所謂「聯合國軍」在韓戰期間的交手經歷，中國對於維和行動一律反對；甚至在表決維和行動相關決議時，還發明了第五種投票方式[26]，以極為消極的方式表示對維和行動的否定。1990年代以前的情形整理如下：

---

[23] Bates Gill and James Reilly, "Sovereignty, Intervention and Peacekeeping: The View from Beijing," **Survival**, v. 42, n. 3, Autumn 2000, pp. 42-43.

[24] 此部分內容請參閱附錄一「中國歷年個別維和行動之參與率」。

[25] 趙磊，前揭書，頁 192-196。

[26] 所謂第五種方式，即參加表決但既不贊同，也不反對或棄權，而就只是靜坐不投。〈中國重返聯合國之初〉，**中國新聞週刊**，2005 年 9 月 19 日，總第 245 期。
http://www.chinanewsweek.com.cn/2005-09-25/1/6364.html（2008/3/21 查詢）

■1971 年 12 月與 1973 年 10 月安理會針對相關議題進行表決時，中國代表表示了對維和行動的完全否認[27]，就是此時期中國對維和行動態度的最佳例證。

■1981 年 12 月中國態度有了關鍵性的轉變，開始對維和行動採取了「區別對待的靈活立場」[28]。在有關塞浦路斯維和行動的延長議題上，中國首次投下了贊成票[29]。

■自 1982 年起，中國開始承擔維和行動費用的攤款，至 1986 年止則全部繳納了過去拒絕承擔的維和行動費用[30]。

■1988 年 9 月中國正式要求成為聯合國維和行動特別委員會之成員，且在同年 12 月獲得接受。

■1989 年 4 月，中國在成為維和行動特別委員會後的第一份正式聲明中指出，維和行動已經成為「實現聯合國憲章宗旨的一個有效機制。[31]」同年中國也首度的派遣了 20 名的文職人員到納米比亞參加了聯合國過渡時期援助團（UNTAG）[32]。

---

[27] 聯合國安理會會議記錄 S/PV.1612（1971/12/13）、S/PV.1750（1973/10/25）中國學者認為這是一種「冷靜觀察」的態度，請參閱趙磊，前揭書，頁 196。

[28] 趙磊，前揭書，頁 197。

[29] 聯合國安理會會議記錄 S/PV.2313（1981/12/14）

[30] 趙宇，〈從對外政策層面解讀我國維和警務與外交的互動〉，**中國人民公安大學學報**，2005 年第 5 期，總第 117 期，頁 19。

[31] 趙磊，前揭書，頁 199；伊麗莎白・埃克諾米・米歇爾・奧克森伯格主編，前揭書，頁 57；Bates Gill and James Reilly, *op.cit.*, p. 44.

[32] Gray D. Rawnsley, "May You Live in Interesting Times: China, Japan and Peacekeeping," in Rachel E. Utley, ed., *Major Power and Peacekeeping: Perspectives, Priorities and the Challenges of Military Intervention*(Burlington: Ashgate Publishing, 2006), p. 84.然而有許多文獻並未提到這個任務的參與，甚至連中國在其國防白皮書中也跳過，請參閱中國國務院新聞辦公室，**2004 年中國的國防**（附錄六）
http://www.china.com.cn/ch-book/20041227/17.htm（2008/3/9 查詢）

1970、80 年代，中國皆未涉入實際的任務；直到 1990 年代始，實際的參與才開始。1990-1991 年間的第一次波灣戰爭，中國對於授權出兵伊拉克的決議案投下了棄權票，中國解釋其反對使用武力，但同時也反對伊拉克侵略科威特，因此才做了這樣的決定[33]。因為中國不反對美國帶頭出兵的行動，1989 年「六四天安門事件」後美國對中國在經濟上的制裁因此全部解禁，歐洲國家與日本也重啟與中國的接觸[34]。從此之後至 2000 年以前，中國了解到棄權的好處，也就是一方面可以堅持本身之原則與立場，一方面也成為談判之籌碼。學者 Samuel Kim 認為中國這樣的作為是一種相機行事的最低參與策略，目的是以最小的付出獲得最大的收益[35]。

1990 至 1999 年間的情形整理如下：

■1990 年 4 月開始，中國派遣了五名軍事觀察員參與了聯合國中東停戰監督組織（UNTSO）。

■1992 年 2 月，中國派遣了四十七名軍事觀察員和一支四百人組成的維和工程大隊至柬埔寨，參與了聯合國柬埔寨過渡時期權力機構（UNTAC）。此次行動不只是中國第一次派遣「藍盔部隊」，也就是由解放軍非戰鬥部隊所組成，同時也是在 2000 年之前中國所參與人數最多的一次維和任務。有學者認為這是「與其過去為了集體安全目的而採取的多邊外交行為的極大差異」[36]。中國對於柬埔寨的任務也

[33] 聯合國安理會會議記錄 S/PV.2963（1990/11/29）

[34] Gray D. Rawnsley, *op.cit*., p. 85.

[35] 伊麗莎白・埃克諾米、米歇爾・奧克森伯格主編，前揭書，頁 68。

[36] Jianwei Wang, "Managing Conflict: Chinese Perspectives on Multilateral Diplomacy and Collective Security," in Yong Deng and Fei-Ling Wang, eds., *In the Eyes of the Dragon: China Views the World* (Maryland: Rowman & Littlefield,

同樣感到滿意，因為此次任務比較偏向採用聯合國憲章第六章之規定，也遵守了事先同意、非武力、中立等三項原則[37]，同時也是改善與東協國家關係的好機會[38]。

■1993 年 6 月開始參與的聯合國莫桑比克行動（ONUMOZ）

■1993 年 11 月開始參與的聯合國賴比瑞亞觀察團（UNOMIL）

■1998 年 8 月參與的聯合國獅子山觀察團（UNOMSIL）

■1999 年 10 月參與的聯合國獅子山特派團（UNAMSIL）。

■1997 年 5 月時，中國在原則上同意加入聯合國維和行動待命安排制度（UN DPKO Standby Arrangements System, UNSAS）[39]。

總計在這段期間，中國派出了五百三十位人員[40]參與了項維和行動；而其組成的內容除了 1992 年的柬埔寨任務中曾經出現四百位的解放軍，其餘全部都是由軍事觀察團組成，突顯了這時期中國

1999), p. 76.

[37] Gray D. Rawnsley, *op.cit.*, p. 86.

[38] Yin HE, "China's Changing Policy on UN Peacekeeping Operations," *Asia Paper published by the Institute for Security and Development Policy*(Sweden), July 2007, p. 28.

[39] 待命安排制度是 1990 年代中期發展出來的制度設計，目的是為了建立與維持穩定可靠的維和能量。其中待命安排制度包含了三個等級，第一級（level one）是由貢獻國提供能力清單（list of capabilities），第二級（level two）則由貢獻國提供較詳細的計畫清單（planning data sheet），第三級（level three）由貢獻國與聯合國簽署備忘錄（a generic memorandum of understanding, MOU）。與待命制度在概念上有些差異的是快速部署（rapid development level, RDL），係指在安理會達成決議並授權後，貢獻國平時承諾的待命資源須在三十到九十天內完成任務部署。請參閱楊永明，**國際安全與國際法**（台北：元照出版社，2003 年），頁 261；另外也可參考聯合國相關網頁：

http://www.un.org/Depts/dpko/rapid/TORRDL.html

http://www.un.org/Depts/dpko/rapid/sba.html （2008/3/21 查詢）

[40] 數字以各單項任務中曾經出現過的最多人數加總得出。

的思維仍是相對保守。另外需注意的是，1995 至 1999 年中國的參與率只佔了聯合國維和行動總數的 1%不到（如表 3 與圖 1 所示），相對來說還是非常低的。

表 3　中國各年度維和行動參與率（1995-2008／4）

（數字以各年平均值為主）

	觀察員 中國／總數%	警察 中國／總數%	軍隊 中國／總數%	總計 中國／總數%
1995	48/2216 2.17%	0/2356	0/56021	**48/60593** **0.08%**
1996	48/1422 3.38%	0/2356	0/22254	**48/26032** **0.18%**
1997	48/1275 3.76%	0/2885	0/16808	**48/20968** **0.23%**
1998	49/923 5.31%	0/2917	0/10329	**49/14169** **0.35%**
1999	49/934 5.25%	0/3068	0/9664	**49/13666** **0.36%**
2000	47/1563 3.01%	59/6662 0.89%	0/25652	**106/33877** **0.31%**
2001	51/1677 3.04%	66/7685 0.86%	1/34981 0.00%	**118/44343** **0.27%**
2002	51/1789 2.90%	62/6907 0.90%	2/35820 0.00%	**115/44516** **0.26%**
2003	60/1734 3.50%	47/4795 0.98%	281/32422 0.87%	**388/38951** **1.00%**
2004	65/1987 3.27%	188/5487 3.43%	647/49853 1.30%	**900/57327** **1.57%**
2005	81/2033 3.98%	212/6374 3.33%	751/59100 1.27%	**1044/67507** **1.55%**

2006	76/2695 2.82%	195/7799 2.50%	1196/64846 1.84%	**1467/75340** **1.95%**
2007	69/2680 2.57%	183/9643 1.90%	1597/70892 2.25%	**1849/83215** **2.22%**
2008/4	68/2808 2.42%	189/11327 1.67%	1716/75637 2.27%	**1973/89772** **2.20%**

資料來源：

2006 年至 2008 年數據 http://www.un.org/Depts/dpko/dpko/contributors/
（contributors）；

2001 年至 2005 年數據 http://www.un.org/Depts/dpko/dpko/contributors/95-05.htm
（contributors）；

1948 年至 2000 年數據 http://www.un.org/Depts/dpko/dpko/
（current operations/past operations）；

中國國務院新聞辦公室，<u>2004 年中國的國防</u>（附錄六）

http://www.china.com.cn/ch-book/20041227/17.htm（以上皆為 2008/3/9 查詢）；

Stefan Staehle, "China's Participation in the United Nations Peacekeeping Regime," *Master Thesis of The Elliott School of International Affairs of The George Washington University*, May 2006, p. 106.

製表：李俊毅　2008/5/17

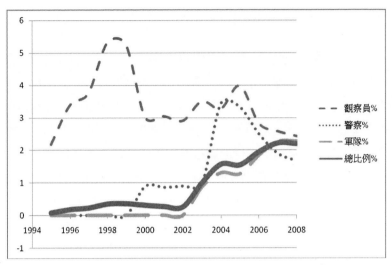

（橫座標為年份；縱座標為中國維和人員所佔聯合國總數之百分比）

圖1　中國各年度維和行動參與率圖示（1995-2008╱4）

資料來源：

　　2006 年至 2008 年數據 http://www.un.org/Depts/dpko/dpko/contributors/
　　（contributors）；

　　2001 年至 2005 年數據 http://www.un.org/Depts/dpko/dpko/contributors/95-05.htm
　　（contributors）；

　　1948 年至 2000 年數據 http://www.un.org/Depts/dpko/dpko/
　　（current operations/past operations）；

　　中國國務院新聞辦公室，**2004 年中國的國防**（附錄六）

　　http://www.china.com.cn/ch-book/20041227/17.htm（以上皆為 2008/3/9 查詢）；

　　Stefan Staehle, "China's Participation in the United Nations Peacekeeping Regime,"
　　Master Thesis of The Elliott School of International Affairs of The George
　　Washington University, May 2006, p. 106.

　　製圖：李俊毅 2008/5/17

三、1971-1999 年的投票行為[41]

　　除了實際參與維和行動之外，這個時期中國在投票行為上的態度變化，也是值得我們探討的。除了上述所提及的 1970 年代反對維和行動、1981 年第一次投票贊成、1990 年針對第一次波灣戰爭投下棄權票之外，在有關波士尼亞－赫茲哥維那問題、索馬利亞問題、海地問題、克羅埃西亞問題以及科索沃問題上都可以看到中國在此時期中對於維和行動的原則與立場。大致整理如下：

- ■從會議紀錄上所顯示，在 2000 年之前中國對於傳統的維和行動（traditional peacekeeping）比較支持，最清楚的莫過於 1992 年的柬埔寨與 1994 年的莫三比克維和行動[42]。傳統維和行動嚴格遵守三項原則，成為中國最可以接受的模式。

- ■其他許多問題牽涉到強制和平（peace enforcement）與聯合國憲章第七章援引的問題，就引發了中國對於反對使用武力的堅持，除了在 1992 與 1993 年索馬利亞問題上因為認定情況特殊而贊成外[43]，在最初幾年中國甚至不顧人道主義因素仍然反對使用武力。

- ■1993 年 6 月中國轉變態度，允許使用武力自衛[44]，似乎已經開始脫離了最原本的非武力原則立場；然而，因為索馬利亞二期行動的失敗與堅持事先同意原則之立場，中國在 1994 年盧安達問題上[45]又回到原先傳統維和行動的立場，即反對使用武力。

---

[41] 此部分內容請參閱附錄二「中國歷年所參與維和行動之發言紀錄」以及附錄三「中國投票行為的態度轉變」。

[42] 聯合國安理會決議 S/RES/745（1992）與 S/RES/916（1994）

[43] 聯合國安理會會議記錄 S/PV.3145（1992/12/3）& S/PV.3188（1993/3/26）

[44] 聯合國安理會會議記錄 S/PV.3228（1993/6/4）、S/PV.3286（1993/10/4）與 S/PV. 3356（1994/3/31）

[45] 聯合國安理會會議記錄 S/PV.3392（1994/6/22）

■直到 1995 年 3 月克羅埃西亞問題[46]之後的發展，中國才逐漸放棄把對於武力使用的反對擺在其原則的第一位。期間雖然中國仍重申其對武力使用的反對，但是在其他因素的綜合考量之下，除非也有其他原則遭到牴觸，如未得當事各方事先同意或是干涉內政等而棄權外，否則中國都贊成。

■中國於 1995 年 6 月反對擅自擴大及變更聯保部隊（UN Protection Force, UNPROFOR）的性質[47]，但同年 12 月在波士尼亞問題上由北約領導的執行部隊（NATO-led Implement Force, IFOR）取代原有的聯保部隊[48]以及 1996 年 12 月由穩定部隊（Stability Force, SFOR）取代執行部隊[49]等兩個案例，中國皆未再將武力反對放在首位考量。

　　1998-1999 年的科索沃問題上，因為在貝爾格勒的大使館遭到北約誤炸，中國的立場有了非常關鍵性的轉變。科索沃問題由當時的「六國集團」（Six-power Contact Group，其中包括法、德、義、俄、英、美）與歐安組織（Organization for Security and Cooperation in Europe, OSCE）協調，也和安理會維持有限度接觸處理此事件。北京原本在 1998 年 3 月有信心俄國會約束西方國家在武力上的使用，並希望安理會不要介入其主觀上認知的歐安組織與南斯拉夫聯邦自身事件[50]，而準備接受一個以區域為基礎的解決方式[51]。但當情勢急轉直下且 1999 年 3 月北約開始行動後，中國此時驚覺安理會已經被架空而表達反對介入南斯拉夫內政之立場[52]；同年 5 月

---

[46] 聯合國安理會會議記錄 S/PV.3512（1995/3/31）
[47] 聯合國安理會會議記錄 S/PV.3543（1995/6/16）
[48] 聯合國安理會決議 S/RES/1031（1995）
[49] 聯合國安理會決議 S/RES/1088（1996）
[50] 聯合國安理會會議記錄 S/PV.3868（1998/3/31）
[51] Bates Gill and James Reilly, *op.cit.*, pp. 46-47.
[52] 聯合國安理會會議記錄 S/PV.3989（1999/3/26）

大使館遭炸，中國即使氣急敗壞地指控西方的霸權行為[53]也已經無濟於事，因為自己的反覆而造成了空前的挫敗，也對往後中國關於維和行動的投票行為上產生了決定性的影響。此事件在北京當局心中除了印證之前對美國權力上升的憂慮之外，同時迫使中國開始設想如何確保其對於國際干涉行為的影響力，最終改變了較為消極的做法與原則而轉為採取較為積極與主動的立場，這當然也包括了參與行為的擴大。

自 1981 第一次針對維和議題投票以來直到 1999 年中，可以逐漸感覺到中國正漸漸放寬其標準與原則。即使實際參與行動已經展開，但大體上還是較為內斂地並帶有一定保留地進行；在投票行為上，中國則有些反覆，時而堅持己見，時而轉變又時而因單一事件的發生而退回原點。總體上，這段時期中國在與維和行動相關的立場上可說是保守中帶有彈性，對多邊干涉行為表現出警覺性的接受與逐漸性的改變[54]。

第三節 2000 年之後中國的參與情形

因為貝爾格勒大使館遭受轟炸後所做的檢討，使得中國開始調整對於維和行動之態度。1999 年之前的中國如前一節內容中所述，在實際參與行為上已跳脫 1970 年代的反對立場，且在 1992 年的柬埔寨任務中首次派遣非戰鬥單位的解放軍工兵群與醫療隊參與維

---

[53] 聯合國安理會會議記錄 S/PV.4011（1999/6/10）
[54] Allen Carlson, "More than Just Saying No: China's Evolving Approach to Sovereignty and Intervention since Tiananmen," in Alastair Iain Johnston and Robert S. Ross, eds., *New Directions in the Study of China's Foreign Policy*(California: Stanford University Press, 2006), p. 224.

和行動；其投票行為也逐漸由極度堅持非武力原則而轉變為可因為
特定情形或人道主義救援因素而投下贊成票。但整體而言，中國的
參與程度與 2000 年後相比更出現了許多不同之處，在投票行為上
也與 2000 年之後呈現出了極大的差異性。本部分將針對 2000 年之
後中國的實際參與以及投票行為做說明。

一、2000 年後的參與行為

有關於中國實際的參與行為方面，因為 2000 年後中國的參與
在各方面都出現了擴大的情形，因此筆者將以兩大部分做說明，分
別為數量部分與質量部分。

（一）數量部分[55]

在經歷了北約轟炸大使館事件後，中國調整了其政策方向，決
定以更為積極的態度參與聯合國的維和行動。以下為各年度中國參
與的實際情況：

■2000 年 1 月中國派遣了民事警察參與聯合國東帝汶過渡行政
　當局（UNTAET）的任務[56]，這是中國首次派遣民事警察參加
　維和行動[57]。這說明了中國對於亞太地區安全利益的關切，並
　希望能藉此與東協國家達成維和行動上的合作關係[58]；同年 10

---

[55] 此部分內容同樣請參閱附錄一「中國歷年個別維和行動之參與率」。

[56] 此任務雖然是在 1999 年授權，但因為中國開始參與的時間是 2000 年 1 月，
　　因此筆者將其歸類為 2000 年之後的部分。

[57] 趙磊，前揭書，頁 200。

[58] 張雅君，〈中國參與聯合國維和行動的安全認知及其意涵〉，**國際關係學會
　　首屆年會暨台灣與國際關係的新紀元研討會論文**，2008 年 5 月 10 日，頁 17。

月派遣了軍事觀察團參與聯合國伊索匹亞——厄立垂亞特派團（UNMEE）。

■2001 年 1 月派遣了民事警察參與聯合國波士尼亞－赫茲哥維那特派團（UNMIBH）；同年 4 月派遣軍事觀察團與非戰鬥部隊的工兵群與醫療隊前往聯合國剛果共和國特派團（MOUNC），而這也是繼 1992 年的柬埔寨任務後又再次的以解放軍部隊做為維和行動的組成部分。

■2002 年 5 月派遣民事警察參與聯合國東帝汶支助團（UNMISET）。

■2003 年 10 月則是同時派遣了軍事觀察團、民事警察以及非戰鬥部隊的解放軍參與了聯合國賴比瑞亞特派團（UNMIL），此任務不僅成為目前為止中國派遣解放軍數量最多的單一任務，同時其三種類維和人員的總數也是目前為止中國所參與的任務中最多的。

■2004 年 1 月中國派遣軍事觀察員至聯合國阿富汗援助團（UNAMA），雖然中國派遣人數只有一人，但因為此任務本身編制極小，而成為了 2000 年後中國所參與的個別任務中所佔比例最高的其中之一；同年 3 月派遣軍事觀察團與解放軍非戰鬥部隊參與聯合國象牙海岸行動（UNOCI）；同年 4 月派遣軍事觀察員與民事警察至聯合國科索沃臨時行政當局特派團（UNMIK）；同年 5 月又派遣維和警察防暴隊（以下簡稱防暴隊）至聯合國海地穩定特派團（MINUSTAH），這不僅是中國首次派遣防暴隊而非過去的民事警察，也是中國首次派遣維和行動人員至沒有正式邦交的國家[59]，因此獨

---

[59]　Yin HE, *op.cit.*, p. 33.

具意義；同年 6 月則是派遣軍事觀察團參與聯合國浦隆地行動（ONUB）。

- 2005 年 6 月再次同時派遣了軍事觀察團、民事警察以及非戰鬥部隊的解放軍參與聯合國蘇丹特派團（UNMIS）；同年 7 月派遣民事警察參與聯合國東帝汶辦事處（UNOTIL）。
- 2006 年 3 月派遣了非戰鬥部隊的解放軍參與聯合國駐黎巴嫩臨時部隊（UNIFIL）；同年 10 月派遣了較為少數的軍事觀察團、民事警察與非戰鬥部隊的解放軍至聯合國東帝汶綜合特派團（UNMIT）。
- 2007 年 1 月派遣軍事觀察員參與聯合國獅子山綜合辦事處（UNIOSIL）；同年 12 月派遣非戰鬥部隊的解放軍參與非盟－聯合國達佛混合行動（UNAMID）。

綜上所述，自 2000 年以來中國所參與的任務總數共有十七項[60]，人數達兩千兩百二十一人[61]。這段時期中不僅參與總人數有了大幅度的增加，其組成內容上也有相當大的變化，如非戰鬥部隊的解放軍參與量的大增，此表現在聯合國剛果共和國特派團、聯合國賴比瑞亞特派團、聯合國蘇丹特派團、聯合國駐黎巴嫩臨時部隊以及非盟－聯合國達佛混合行動上，其中又以賴比瑞亞特派團的五百三十九人為最多。警察派遣的機會也增多，尤其是海地任務中防暴隊的出現受到許多注目，人數則有一百三十六人之多。除了這段時期個別任務的參與外，筆者另外以不同的面向來呈現數字上的變化，大致整理如下：

---

[60] 其中包含三個聯合國政治與建設和平特派團（UN political or peacebuilding mission），分別為聯合國阿富汗援助團（UNAMA）、聯合國東帝汶辦事處（UNOTIL）、聯合國獅子山綜合辦事處（UNIOSIL）。

[61] 數字以各單項任務中曾經出現過的最多人數加總得出。

1. 中國自身維和任務組成比例的逐年差異

軍事觀察團的比例由 2000 年的 44.34%下降到 2008 年 4 月的 3.45%，警察所佔的比例由 2000 年的 55.66%下降到 2008 年 4 月的 9.58%，而解放軍的比例則是由 2000 年的 0%增加到 2008 年 4 月的 86.97%。可以發現這段時期中國在維和行動上的參與展現了多元化的情形，而且有越來越倚重解放軍的趨勢[62]。

2. 中國參與數量站聯合國總體之比例

自 2000 年以來中國所佔聯合國維和行動總數之比例也出現了變化。以個別參與種類來看，軍事觀察團所佔比例較無明顯變化，大致在 2%至 3%間遊走；警察所佔比例則由 2000 至 2003 年的不到 1%而在 2004 與 2005 年上升到 3%以上，又在 2006 年後下降；軍隊所佔比例則明顯地一路上升，由 2000 年完全沒有上升到 2008 年 4 月的 2.27%。以整體參與數量所佔比例來看，除了 2001 與 2002 年小幅下降外，2003 年到 2006 年都超過了聯合國參與總數的 1%，更在 2008 年 4 月達到 2.20%[63]。

3. 中國與聯合國總體數字的成長率

雖然以所佔聯合國總體比例來看，顯示中國參與的「力道」還是不夠深[64]，但是對照中國與聯合國總體數字的各年度成長率來看，除了在 2005 與 2008 年 4 月為止外，中國自 2003 年後各年度的成長率都高過了聯合國總體數字的成長率[65]。

---

[62] 請參閱附錄四「中國歷年參與維和行動之組成比例」以及附錄五「中國歷年參與維和行動組成情形圖示」。

[63] 此部分數據同樣請參閱第 73-74 頁的表 3 以及 75 頁的圖 1。

[64] Stefan Staehle, *op.cit.*, p. 49.

[65] 此部分數據請參閱附錄六「中國歷年參與維和行動成長率及圖示」。

4. 與其他大國的比較

拿中國自 2001 年以來與安理會其他四個常任理事國及德國與日本來比較，可以發現中國在所有參與國家的貢獻度排名中一直上升，是 2004、2005 與 2008 年裡這七個國家當中排名最高的（如表4 所示），這樣的表現甚至超過了任何單一北約國家的貢獻[66]。

5. 任務地域分布

以參與的維和任務地域分布及其所佔比例來看，2008 年 4 月所呈現的數字顯示中國十二個正在進行的任務中有七個在非洲，已經超過一半比例且將持續增加[67]；而這十三個正在進行的任務則佔了目前所有聯合國十九個維和任務的 63.16%（如表 5 所示）。

總結上述，雖然中國在整體聯合國維和行動數量中所佔比例仍明顯偏低而有需待加強之處，但中國本身各年度的數量成長不僅一直上升、組成內容趨向多元，且中國除 2008 年 4 月外在 2003 年以後的各年成長率也高過了同時期聯合國總數的成長率，再加上中國與其他大國的比較又在過去八年中有三個年度是貢獻度排名最高的，以及中國參與了目前聯合國總體任務的 63.16%。因此可以說，中國的確在這個時期展現了參與維和行動政策的調整結果，也就是展現出了更為積極、更為擴大參與的特徵，此與 1999 年之前的情況相較，已呈現出極大的變化。

---

[66] Bates Gill, *op.cit.*, p. 118.

[67] Peter Pham, "Pandas in the Heart of Darkness: Chinese Peacekeepers in Africa," *World Defense Review*, October 25, 2007.
http://worlddefensereview.com/pham102507.shtml（2008/3/23 查詢）

表4　中國參與維和行動的排名（2001-2008／4）

（數字以各年最後一個月為主，當年度排名最高之國家以粗體表示；
前面數字表示實際參與人數，括弧內數字代表該國排名）

	中國	美國	英國	法國	俄羅斯	德國	日本
2001	129 （44）	*750 (18)*	714 （19）	483 （27）	353 （30）	515 （25）	30 （63）
2002	123 （44）	631 （18）	612 （21）	347 （28）	348 （27）	399 （26）	*680 (16)*
2003	358 （27）	518 （22）	*563 (18)*	317 （31）	323 （30）	356 （29）	406 （26）
2004	*1036 (17)*	429 （28）	542 （23）	607 （21）	361 （32）	296 （36）	30 （70）
2005	*1059 (15)*	387 （31）	349 （33）	582 （22）	212 （46）	293 （36）	30 （76）
2006	1666 （12）	324 （43）	358 （40）	*1988 (10)*	291 （45）	1143 （18）	31 （81）
2007	1824 （13）	316 （42）	362 （38）	*1944 (11)*	293 （43）	1119 （19）	38 （82）
2008	*1981 (12)*	300 （43）	349 （42）	1952 （13）	299 （44）	622 （29）	36 （83）

資料來源：

2006-2008 年數據 http://www.un.org/Depts/dpko/dpko/contributors/（ranking）

2001-2005 年數據 http://www.un.org/Depts/dpko/dpko/contributors/95-05.htm
（ranking）
（以上皆為 2008/3/12 查詢）

製表：李俊毅 2008/5/14

表5　當前維和任務地區數目比較（2008／4）

	非洲	美洲	亞太	歐洲	中東	政治與建設和平特派團	總計
聯合國	8	1	2	3	3	2	19
中國	7	1	1	1	2	0	12
比例（%）	87.5	100	50	33.3	66.7	0	63.16

資料來源：

http://www.un.org/Depts/dpko/dpko/（current operations）

http://www.un.org/Depts/dpko/dpko/pk1.htm（以上皆為 2008/3/15 查詢）

製表：李俊毅 2008/5/14

（二）質量部分

　　除了前述在數字上呈現的不同，這時期在質量上中國的維和行動參與情形也呈現出許多方面的進展，以下將就各方面做說明。

1. 軍事觀察員與維和部隊培訓

　　2001 年 6 月，中國針對安理會第 1353 號決議投下贊成票，其內容大致為：

> 鼓勵會員國採取措施，以彌補對具體的聯合國維持和平行動提供人員和裝備的承諾差距；強調部隊派遣國必須採取必要的適當措施，確保其維和人員有能力完成特派團任務，並強調必須為此，包括在培訓、後勤和裝備方面，開展雙邊和國際合作；著重指出必須確保參加聯合國維持和平行動的國家特遣隊得到秘書處有效的適當支助，包括在培訓、後勤和裝備方面的支助；強調需要確保給予秘書處足夠的人力和財力資源以完成這些任務，並應高效率地有效使用這些資源；鼓勵國際合作和支持維持和平方面的訓練、包括建立區域維持和平訓練中心，並強調需要秘書長向這種中心提供技術支助。[68]

進入 21 世紀後中國也開始將維和行動的參與分工與專業化，其中一點就表現在維和行動人員的培訓上。2001 年成立的維和行動辦公室在培訓方面負責管理及支援軍事觀察員與解放軍維和行動的訓練業務[69]，其培訓基地是在南京的解放軍國際關係學院。2003 年則成立解放軍維和部隊訓練中心。

---

[68] 聯合國安理會決議 S/RES/1353（2001）
[69] 趙磊，前揭書，頁 201。

　　軍事觀察員的選拔程序大約是，先由各單位推薦人選，然後由解放軍國際關係學院所屬軍事觀察員訓練中心統一組織測試，測試內容包含英語程度、維和相關知識與聯合國憲章精神、情況應急處置能力和車輛駕駛，通過測試者進入培訓中心受訓，期間大約維持九十天，訓練目的是要使軍事觀察員能具備一些基本技能和樹立完成各項任務的自信心[70]。

　　至於解放軍組成的維和部隊之選派，則先由各大軍區組織，以建制單位的方式選派，參加人員要在單位內部進行業務素質和綜合能力的嚴格選拔。維和分隊組成後，要按照統一安排進行業務培訓，合格後方可接受派遣。目前由解放軍組成的維和部隊都是由工程隊、醫療或是後勤運輸等非戰鬥部隊組成[71]。

2. 民事警察與防暴隊培訓

　　與軍事觀察團及維和部隊比較，參與維和行動的警察與前兩者的受訓地點與負責單位有很大的不同。1998 年 8 月中國公安部與外交部聯合向國務院上呈《關於建議選派民事警察參加聯合國維和行動的請示》，經過當時中國高層的批示，公安部專門成立了「中國維和民事警察事務領導小組」及其辦事機構──「公安部外事局維和處」[72]，2000 年 3 月於武警學院下設立了「中國維和民事警察培訓中心」，並在同年 8 月正式揭牌，2001 年 3 月公安部批准在武警學院建立維和培訓部[73]，中國維和民事警察的工作正式

---

[70] 同上註，頁 207；Bates Gill, *op.cit.*, p. 122.

[71] 同上註。

[72] 趙宇，前揭文，頁 20。

[73] 高太存，〈建設中的中國維和民事警察培訓中心〉，**公安教育**，2002 年第 1 期，頁 6；張慧玉，〈中國對聯合國維和行動的貢獻〉，**武警學院學報**，第

啟動。2007 年 11 月，公安部更是宣布將對於培訓中心投入額外的
1 億人民幣經費[74]。

此培訓中心位於河北廊坊，是亞洲最大的維和培訓中心，興建
費用為人民幣 1.5 億，佔地兩百畝，建築面積達到十七萬平方公尺，
共有專業教室、運動場、駕駛訓練場、射擊館、游泳館等設施。目
前培訓中心裡的教職人員有六人具有維和任務經驗，八名專任教員
均具有碩士學位，所有的教官都曾到香港參加培訓並到任務區進行
過考察，同時也會不定時邀請國外維和專家前來授課[75]。而此培訓
中心可同時培訓兩百五十名學員，其中包括五十名外國學員[76]。

1999 年首批的維和民事警察由解放軍國際關係學院代訓兩個
半月，而後即由上述的維和培訓中心接手。維和民事警察的選拔條
件是：必須是中國共產黨黨員、大專以上學歷、具備英語聽說讀寫
一定能力、參加公安工作五年以上、年齡二十五歲以上、具備兩年
以上駕駛經驗、身體檢查合格等[77]。之後要進行兩天的選拔考試，
主要測驗英語能力、汽車駕駛與路考、手槍 5m 速射與 7m 慢射、
體能測驗、心理測驗[78]與面試六項。考試通過後要接受約三個月的
培訓，培訓課程大約按照聯合國維和培訓大綱的要求，學員必須進

---

20 卷第 5 期，2004 年 10 月，頁 32。

[74] Brian Stott, "Launch of Peacekeeping Project in China," **Peacekeeping English Project**, Issue 29, February 2008, p. 1. http://www.britishcouncil.org/pep29.pdf
（2008/4/15 查詢）

[75] 黃俊、曾振宇、鄭雙雁，〈維和先鋒：中國維和民事警察訓練中心揭密〉，
輕兵器，2006 年第 1 期下半月版，頁 36。

[76] 張慧玉，前揭文，頁 32。

[77] 黃俊、曾振宇、鄭雙雁，前揭文，頁 37。

[78] 大致上分為六方面的選拔內容：心理健康、邏輯推理、個性因素、心理應
激、記憶、自我控制。請參閱張振聲，〈論我國維和民事警察的心理選拔〉，
公安大學學報，2002 年第 2 期，總第 96 期，頁 102-106。

行汽車駕駛、射擊、聯合維和業務、任務區背景、形勢偵察、通信聯絡、識圖、防雷、急救、安全、國際法、人道主義救援、人權與執法、熱帶疾病預防、安全意識、心理調控、應與訓練等課程，培訓中心則會透過模擬演練的方式提升學員之能力[79]。

至於防暴隊也是要先經由選拔，條件是：擁護中國共產黨、熱愛公安工作、志願為世界和平貢獻、參加公安工作五年以上、有一定的公安防暴工作經驗、年齡二十五歲以上，其中如要成為指揮官、連絡官、執勤官、後勤官則又必須具備更好的英文能力。防暴隊的培訓內容則有：英文訓練、汽車駕駛、射擊、防暴戰術、聯合國維和業務、海地任務區背景、聯合國接戰原則、人權與執法、熱帶疾病預防、安全意識、心理調控、思想政治工作、部隊管理、後勤保障等[80]，受訓時間三個月。

民事警察與防暴隊即使通過了上述的培訓課程，還是不能保證就能代表中國參加任務，學員還要通過聯合國甄選考試。考試有五個科目，只要有一門不及格就會被淘汰。甄選上者出國之前，還可能會接受聯合國官員的越洋「電話面試」，並在出國前要回到培訓中心做勤前教育、分發裝備、駕駛及射擊訓練與疫苗注射等[81]。

3. 民事警察與維和警察防暴隊介紹

民事警察在任務區有可能是單獨執行任務，也可能是與他國混合在一起，根據任務區的不同，民事警察攜帶的裝備也有不同。其執法任務則有武裝巡邏、刑事偵察、罪犯抓捕、培訓警察與協助當地政府建立執法機構等，如在東帝汶與科索沃之任務；如果當地政府警察

---

[79] 黃俊、曾振宇、鄭雙雁，前揭文，頁 37-38。
[80] 同上註。
[81] 同上註，頁 38。

機構已經建立，則民事警察不攜帶任何武器，而只在於監督當地警察執法是否公正、程序是否合理，如在波士尼亞——赫茲哥維那之任務。

至於目前中國所派遣唯一的防暴隊則是在海地執行任務。在此任務中成建制[82]的防暴隊之任務有：驅散非法武裝、特殊警衛、車輛稽查、解救人質、搜繳武器、處理大型集體性事件、抓捕非法武裝份子以及武裝巡邏。與民事警察相比，防暴隊的任務危險的多[83]，因此其所配備之武器自然種類比較多、火力也較大，甚至還動用了裝甲車參加戰鬥[84]。防暴隊具有極高的執行力，且可以處理一般個別警察或是軍隊無法面對的個別狀況，比如為單一警察提供行動支援，或是在一般警察有困難而派遣軍隊又太過敏感的場合，防暴隊就非常適合部署[85]。

隨著維和行動本身的複雜性與多樣性升高，民事警察與防暴隊的應變能力及綜合素質要求也越來越高，2002 年 2 月聯合國維和行動部在召開的「聯合國快速部署維和民警專家會談」中對維和警察素質提出了更高的要求[86]。總體來看，維和警察需要符合下述八方面的要求[87]：

（1）了解任務區語言環境、具備較強的語言能力

（2）具備機動駕駛技能

（3）具備正確使用武器和快速射擊技能

（4）具備維和警察基本工作技能

（5）具備熟練的通訊聯絡技能

---

[82] 成建制係指將派出的防暴隊以分隊和小隊為單位，人員編制固定，任何時候都不能拆散。

[83] 黃俊、曾振宇、鄭雙雁，前揭文，頁 39。

[84] 蘇杰，〈中國維和警察防暴隊在海地〉，**瞭望**，2007 年第 46 期，2007 年 11 月 12 日，頁 48。

[85] Yin HE, *op.cit.*, pp. 33-34.

[86] 瞿志文，〈聯合國維和民事警察應具備的素質和能力〉，**武警學院學報**，2002 年 4 月，第 18 卷第 2 期，頁 43。

[87] 同上註，頁 44-45。

（6）熟悉聯合國基本知識和外交禮儀

（7）具備較強的心理承受和適應能力

（8）具備一定的防衛生存和防病自救能力

4. 待命安排

1997 年時如前所述，中國原則上同意參加聯合國維和行動待命安排制度（UNSAS）。直到 2002 年 2 月，中國正式向聯合國表示決定加入第一級維和待命安排制度，準備在適當時機向維和行動派遣一個工兵營（五百二十五人）、一個醫療分隊（三十五人）和兩個運輸連（各八十人）[88]。

2002 年前中國還未表示要參與第一級待命安排制度時，曾有學者討論到中國未參與的原因，如在一胎化現象下如果損失過多人員，中國將面臨強大的國內政治壓力；中國軍方擔心內部的機密會被迫揭開；中國本身不願將有限資源投入待命安排制度；待命制度本身成本過高，因為聯合國將不負擔運輸費用，且也不將提供任務部署前三十至六十天的所有花費[89]。對照上述的原因，前兩點都已經被中國本身行動打破，而第三與第四點筆者認為應該可以解釋為何中國目前只參與第一級，而不是更深的涉入待命安排制度。

5. 中國對於維和行動改革的建議

對於參與維和行動，中國一向立場就是要在聯合國的架構、安理會的授權下才能進行。如同本章第一節所述，關於聯合國地位的鞏固並強調安理會在維和行動法理上的獨特性，是中國近年來在聯

---

[88] 馬曉春、吳旭，〈解讀聯合國維和行動〉，**解放軍生活**，2003 年 4 月，頁 15；Yin HE, *op.cit.*, p. 74；Bates Gill, *op.cit.*, p. 120.

[89] Bates Gill and James Reilly, *op.cit.*, pp. 52-53.

合國關係上的重點之一，更是其所倡導的多邊外交的重頭戲。然而中國對於維和行動相關之問題並非一概滿意，還提出了許多建議，2001 年中國駐聯合國代表的相關談話：

> 安理會在特定情況下，為維和行動規定某些建設和平的任務是必要的。但在維和行動的籌畫、設立以及執行過程中，要考慮到如何向建設和平過渡，有關決策應有利於確保建設和平工作的順利開展創造良好的環境。[90]

同年 6 月，安理會更通過決議要求「安全理事會、秘書處和部隊派遣國之間的協商應加強安全理事會在履行職責時作出適當、有效和及時決定的能力」、「請秘書長在提交安全理事會的關於個別維持和平行動的定期報告中列入他與部隊派遣國協商的情況，並承諾在就這類行動作決定時考慮到這些協商中和安理會與部隊派遣國的會議上表達的意見」[91]。中國對於這個決議案投了贊成票[92]。

2005 年 6 月中國在「關於聯合國改革問題的立場文件」中也對維和及建設和平提出了看法與建議[93]：

（1）中方支持加強聯合國維和行動能力，歡迎秘書長關於建立戰略儲備、成立維和民警待命安排的建議。希望秘書處根據聯大維和特別委員會的要求，對建議的諸多方面予以細化和澄清。建立新機制需要進行謹慎、周密的研究，確保其可行性、有效性，整合資源，量力而行，並充分發揮現有機制的潛力。

---

[90] 聯合國安理會會議記錄 S/PV.4272（2001/2/5）
[91] 聯合國安理會決議 S/RES/1353（2001）
[92] 聯合國安理會會議記錄 S/PV.4326（2001/6/13）
[93] 中國外交部，**中國關於聯合國改革問題的立場文件**，2005 年 6 月 7 日。http://www.fmprc.gov.cn/ce/ceun/chn/xw/t199100.htm（2008/3/24 查詢）

（2）聯合國維和資源有限，應合理有效使用。聯合國可根據具體情況，對非洲區域組織開展的維和行動提供必要支持。

（3）中國支持設立建設和平委員會。該委員會的職責應主要是協助制訂從衝突過渡到衝突後重建的計劃，協調國際社會努力。中國贊同秘書長關於該委員會不具有預警和監測職能、並主要發揮咨詢作用的看法。

（4）建設和平委員會主要向安理會負責，有助於保證其效率和效力。中國也支持經社理事會充分參與該委員會的工作。

2007 年 3 月中國提出了更為具體的建議，討論如何改進和加強綜合特派團工作，以尋求更佳有效地應對新的挑戰，共有以下四點：[94]

（1）制定詳細戰略

只有制定明確、有力的戰略，維和行動的部署、運作等才能順利開展。部署前，聯合國應派出先遣評估小組，耐心與當事國密切協商，爭取其同意與合作，並向安理會如實、全面匯報情況並提出建議。部署後，特派團應根據當地形勢變化，及時調整授權和規模。此外，既要避免維和行動過早撤出導致形勢反覆，也必須適時制訂每一項維和行動的「撤出戰略」，使有限資源發揮最佳效應。

（2）完善內部結構

特派團包含多個部門，結構複雜。軍事人員、警察部隊和民事官員等各司其責，但也會出現職能重疊或模糊不清的狀況。應總結以往經驗，形成最佳作法，優化特派團內部結構，並加強相互協調，從而將其功效最大化。

---

[94] 中國外交部，**崔天凱部長助理在中挪維和研討會開幕式上的發言**，2007 年 3 月 26 日。
http://www.fmprc.gov.cn/chn/wjb/zzjg/gjs/gjzzyhy/1115/1122/t306368.htm
（2008/3/24 查詢）

（3）增強特別代表權威

需要加強聯合國秘書長特別代表的權威，使其成為整個聯合國系統的代表；當然也要加強秘書長特別代表的責任。

（4）加大當事國的參與

維護和平、建設和平，歸根結底還得靠當事國的政府和人民。因此，應加大當事國的參與，多與其協商。這既能增加其責任感，也可強化其建設國家的能力。

6. 國內政策的形成

如同前述，中國於 2001 年 12 月正式在國防部總參謀情報部下成立維和行動辦公室，負責統一協調和管理中國軍隊與警察參與維和行動的工作，其中包括了選才、監督維和行動的部署、與中國內部或外部相關單位溝通等[95]。維和行動辦公室大約只有四到五位軍官，由一位資深上校統籌[96]。另一方面在海外，與中國常駐聯合國代表團隨行的武官們也扮演了非常重要的角色。他們在聯合國場合中代表中國軍方，同時也將相關的維和行動資訊及經驗提供給在北京的最高決策者，也在聯合國與中國方面的培訓單位進行聯繫。此兩個單位在說服軍方內部對於維和行動的態度上有著一定的說服性與建設性角色[97]。

中國內部的維和行動決策順序是，在收到聯合國的要求後，首先由軍方立即評估是否會有安全及運輸上的顧慮，而與國務院及外交部協商後，由總參謀部發出許可。如果是特別具有爭議的狀況，中央軍委會與中央政治局甚至也會參與決策，這樣僵化的過程時常阻礙了中國參與維和行動的步調[98]。

---

[95] Bates Gill, *op.cit*., pp. 121-122.
[96] Bates Gill and James Reilly, *op.cit*., p. 51.
[97] Bates Gill, *op.cit*., pp. 121-122.
[98] Bates Gill and James Reilly, *op.cit*., p. 51.

　　然而較為底層部門的意見交換與橫向式的跨部會交流，在近幾年的決策過程中可看出已逐漸成熟，且預估還會繼續擴大。另外可以觀察到的是，中國決策高層對於維和行動參與的認知也出現了變化。自 2002 年起胡錦濤掌權後，其轉變甚至已經認為有些國際干涉是正面的，這似乎也代表著中國決策高層已經漸漸地在接受社會化的影響[99]。

7. 與國際的交流情形

　　隨著中國參與維和行動的擴大，許多國家也展現出與中國合作交流的意願，如英國、加拿大與澳洲等。大致整理如下：

- ■2000 年 6 月，中英兩國針對未來的維和行動發展共同在北京舉辦了一場研討會，目的是為了增加兩個安理會常任理事國間的合作[100]。2003 年 3 月[101]以及 2005 年 3 月[102]雙方又多次舉辦類似交流活動，且上述的目標仍持續中[103]。
- ■2004 年 11 月，中國與瑞典在北京共同舉辦了「進入 21 世紀維和行動面臨的挑戰」國際研討會，與會人員有許多聯合國高級官員以及中國及其他 13 個國家的相關領域人員[104]。

---

[99] Stefan Staehle, *op.cit.*, p. 64.

[100] Yin HE, *op.cit.*, p. 37.

[101] *Ibid.*

[102] 〈中英維和研討會召開　兩國同意改革維和行動〉，*新浪網*，2005 年 3 月 23 日。
http://news.sina.com.cn/c/2005-03-23/05245434961s.shtml（2008/3/24 查詢）

[103] 〈中英外長會談　英重申不支持台當局搞入聯公投〉，*新浪網*，2008 年 2 月 28 日。
http://news.sina.com/ch/phoenixtv/102-101-101-102/2008-02-28/03002700370.html
（2008/3/24 查詢）

[104] Yin HE, *op.cit.*, p. 38.

- 2006 年底，法國邀請了一些中國高階警官赴法參加維和訓練課程，並在一個月後派遣協助訓練小組至「維和民事警察培訓中心」幫忙防暴隊的訓練[105]。
- 2007 年 3 月，中國與挪威在北京舉辦維和行動研討會[106]，挪威認為雙方在達佛任務中還存在許多合作的機會[107]。
- 2007 年 11 月，中國與東協國家在北京召開了維和行動研討會，試圖與東南亞國家建立維和上的交流[108]。
- 另外在可預期的未來，歐盟[109]與日本[110]也都是中國維和行動上合作的對象。

---

[105] *Ibid*., p. 46.

[106] 中國外交部，<u>崔天凱部長助理在中挪維和研討會開幕式上的發言</u>，2007 年 3 月 26 日。
http://www.fmprc.gov.cn/chn/wjb/zzjg/gjs/gjzzyhy/1115/1122/t306368.htm
（2008/3/24 查詢）

[107] Anna Klingstedt, "UN Peacekeeping Operations: Chinese and Western Perspectives," *Institutt for forsvarsstudier*, November 7, 2007.（2008/3/24 查詢）
http://www.mil.no/felles/ifs/start/arrangementer_ifs/seminar_07/article.jhtml?articleID=147464

[108] 〈中國──東盟維和研討會在京舉行 100 餘名代表參加〉，<u>新華社</u>，2007 年 11 月 19 日。
http://big5.gov.cn/gate/big5/www.gov.cn/jrzg/2007-11/19/content_809700.htm
（2008/3/24 查詢）

[109] Gustaaf Geeraerts, Chen Zhimin and Gjovalin Macaj, "China, the EU and the UN Security Council Reform," *BICCS Background Paper*, November 1, 2007, p. 7.
http://www.vub.ac.be/biccs/documents/Asia_paper_Macaj_2007_China_the%20EU_and_UN_Security_Council_Reform_Asia_Paper_vol_2__6_BICCS_Brussels.pdf（2008/3/24 查詢）

[110] Yasuhiro Takeda, "International Peace Operations by Japan and China: Are Modernization and Restructuring of the Military Forces a Double-Edged Sword?" *paper presented in Silk Road Studies Program Conference*, March 8-9, 2007, p. 2.（2008/3/24 查詢）
http://www.silkroadstudies.org/new/inside/forum/CM_tokyo2006/papers/paper_TAKEDA.pdf

除了研討會形式的交流，中國在維和實際技巧上與國際的交流也很熱絡，大致整理如下：

- 1999 年與 2000 年中國主辦了兩次的維和清除地雷培訓課程[111]。
- 2001 年底中國與來自印尼、南韓、馬來西亞、菲律賓、泰國共十六名警官在北京參加了中英聯合舉辦的區域維和民警培訓班[112]。
- 2006 年 9 月，中國與聯合國維和行動部於中國維和民事警察培訓中心舉辦了針對防暴隊訓練模式的交流。
- 2006 年 11 月，中國主辦了國際維和訓練課程，共有十八個國家二十位警官參與[113]。
- 2008 年 11 月維和培訓中心則是與大英協會（the British Council）和維和英語培訓項目（Peacekeeping English Project）簽定合作計畫，預計在維和培訓中心提供學員自主學習、語言師資培養、教學計畫、教材設計與測試等協助，並且可以讓中國的培訓中心與世界各國的相同培訓項目有交流的機會[114]。

8. 經費分攤

除了實際派遣人員參與維和行動外，在財政上的經費分攤方面，中國也是逐年增加。聯合國大會於 1963 年 6 月針對適用在維和行動上的財政分攤問題設立了一些原則。之後在 1973 年 11 月，大會則藉由這些原則針對聯合國緊急部隊（UN Emergency Force,

---

[111] Stefan Staehle, *op. cit.*, p. 73.
[112] 張慧玉，前揭文，頁 31。
[113] Yin HE, *op. cit.*, p. 38.
[114] Brian Stott, *op. cit.*, p. 2.

UNEF）的財政問題做了特別安排，包括估計各國的貢獻度以及把各國分成四種類決定其所負擔之比例。而這樣的安排經由一些微調，一直在這些年中被沿用[115]。

　　過去一段時間中國對維和行動費用的分攤佔了總額比例不到1%，其中 1998-2000 年為 0.995%[116]。2000 年 12 月，聯合國於第五十五屆大會再次確定維和行動財政問題上的一般原則，且以協商一致的方式建立了新的系統以用來調整會員國在維和行動經費分攤上的一般預算範圍比例（regular budget scale rates）[117]，判斷標準包括各國間國民生產總額（Gross National Product, GNP）的比較並把各國分為十類決定其負擔比例[118]。根據這項決議，中國因為是安理會常任理事國而被分在 A 類國家，其 2001-2003 年的分攤比例提高為 1.89%至 1.93%間[119]，而 2004-2006 年的分攤比例又提高至 2.50%至 2.52%之間[120]，2007-2009 年的分攤比例再次提高至 3.23%左右[121]（如表 6 所示）。

　　面對這樣的狀況，《人民日報》中的評論認為：「這是依據中國經濟成長後所自然調整的，且中國作為安理會常任理事國之一，了解到其對聯合國以及世界和平與安全之責任，當然需承擔對聯合國的財政義務[122]。」其實中國每年在維和行動上的花費不只上述數字所顯示，因為配合聯合國的倡導而所設立的相關培訓硬體及軟體設

---

[115] 聯合國大會會議記錄 A/58/175（2003/7/15）、A/61/139（2006/7/13）

[116] 趙磊，前揭書，頁 204。

[117] 聯合國大會會議記錄 A/58/175（2003/7/15）、A/61/139（2006/7/13）

[118] 聯合國大會決議 A/RES/55/235（2001/1/30）中的第十段。

[119] 聯合國大會會議記錄 A/C.5/55/38（2001/3/1）

[120] 聯合國大會會議記錄 A/58/157（2003/7/15）

[121] 聯合國大會會議記錄 A/61/139（2006/7/13）

[122] Yan Wei, "A Heftier Price Tag," *Beijing Review*, January 29, 2007. http://www.bjreview.com.cn/print/txt/2007-01/29/content_53993.htm （2008/3/24 查詢）

施、人員在任務區的花費等都是非常可觀的，此部分也可展現出
2000 年之後中國擴大參與維和行動的差異性。

表 6　中國參與維和行動財政分攤比例（2001-2009）

（中、美、英、法、俄五常任理事國屬於 Level A 國家；日、德屬於 Level B 國家）

	中國	美國	英國	法國	俄羅斯	德國	日本	總計	中國於七國中所佔比例
2001/7	1.9354	27.6307	6.9931	8.1647	1.5071	9.8250	19.6290	75.6877	**2.56%**
2002/1	1.9205	27.3477	6.9351	8.0999	1.4917	9.8450	19.6690	75.3089	**2.55%**
2002/7	1.9109	27.2105	6.9003	8.0593	1.4842	9.8450	19.6990	75.0792	**2.55%**
2003/1	1.9003	27.2883	6.8667	8.0203	1.4885	9.7690	19.5158	75.0780	**2.53%**
2003/7	1.8904	27.1469	6.8312	7.9787	1.4807	9.7690	19.5158	74.8420	**2.53%**
2004/1	2.5228	26.8119	7.5293	7.4098	0.5679	8.7330	19.6290	73.2008	**3.45%**
2004/7	2.5214	26.7968	7.5250	7.4056	0.5676	8.7330	19.6260	73.1754	**3.45%**
2005/1	2.5044	26.6166	7.4744	7.3558	0.5638	8.7330	19.6260	72.8740	**3.44%**
2005/7	2.5029	26.6014	7.4701	7.3517	0.5635	8.7330	19.6260	72.8486	**3.44%**
2006/1	2.5231	26.8152	7.5302	7.4107	0.5680	8.7330	19.6260	73.2062	**3.45%**
2007	3.2530	26.3497	7.9552	7.5468	0.8049	8.5770	16.6240	71.1106	**4.57%**
2008-2009	3.2375	26.2240	7.9173	7.5108	0.8010	8.5770	16.6240	70.8916	**4.57%**

資料來源：
　http://www.un.org/Depts/dpko/dpko/contributors/financing.html
　2001-2003 年數據　A/C.5/55/38
　http://daccessdds.un.org/doc/UNDOC/GEN/N01/272/13/IMG/N0127213.pdf?OpenEle
　ment
　2004-2006 年數據　A/58/157
　http://www.un.org/Depts/dpko/dpko/contributors/58157.pdf?Open&DS=A/58/157&La
　ng=E
　2007-2009 年數據　A/61/139
　http://daccessdds.un.org/doc/UNDOC/GEN/N06/430/08/PDF/N0643008.pdf?OpenEle
　ment
　（以上皆為 2008/3/12 查詢）
製表：李俊毅 2008/4/4

二、2000 年後的投票行為[123]

　　與 1999 年之前的投票行為相較之下，2000 年後中國的立場就顯得較為單純與一致。除了在 2004 年的 7 月與 9 月有關於蘇丹問題中國認為不符合事先同意原則而棄權[124]，以及 2007 年 1 月有關於緬甸問題中國認為不該干涉內政而反對[125]之外，中國對於維和行動展現了極大的支持，就連 2006 年 7 月與 10 月有關北韓試射彈道飛彈問題[126]中國也跟著譴責北韓。值得關注的是，即使在 2004 年對於蘇丹的態度如上述，但 2006 年 9 月中國已經開始敦促蘇丹能同意當時的聯合國秘書長安南（Kofi Annan）派遣非盟－聯合國達佛混合行動的提議，並在同年 11 月由中國駐聯合國大使王光亞與蘇丹政府達成了重大協議[127]；2007 年初胡錦濤親自與蘇丹提及此事，且在同年 7 月同意成立維和行動赴達佛處理當地狀況[128]。

　　綜觀這段時期中國對維和行動的態度，除了上述兩次關於蘇丹的表決過程外，中國全部投下贊成票；其態度也從過去完全地立場堅定、不加干涉，轉變為支持維和行動、人道救援行動，且更加務實。同時值得觀察的一點是，中國代表在這些任務的表決過程中要不是只做一些補充性的附議表示，不然就根本完全不發言，這個現象與 1999 年之前相較也是差異頗大的。

---

[123] 此部分內容同樣請參閱附錄二「中國歷年所參與維和行動之發言紀錄」以及附錄三「中國投票行為的態度轉變」。

[124] 聯合國安理會會議記錄 S/PV.5015（2004/7/30）、S/PV.5040（2004/9/18）

[125] 聯合國安理會會議記錄 S/PV.5619（2007/1/12）

[126] 聯合國安理會會議記錄 S/PV.5490（2006/7/15）、S/PV.5551（2006/10/14）

[127] Colum Lynch, "China Filling Void Left by West in UN Peacekeeping," *The Washington Post*, November 24, 2006, A12.

[128] Stephanie Kleine-Ahlbrandt and Andrew Small, "China's New Dictatorship Diplomacy: Is Beijing Parting with Pariahs?" *Foreign Affairs*, January/February 2008, p. 47.

第四節　小結

　　筆者以中國參與聯合國維和行動作為檢視中國參與國際社會以及融入國際制度的例證。總結本章中前述內容，首先可以得知，不論是在融入整體國際制度或是參與聯合國相關事務方面，中國的行為都愈趨積極且擴大。作為國際社會中最重要的國際組織，中國對聯合國的態度轉變過程其實與中國對國際社會的整體認知變化是有諸多重疊之處的。但點出態度上的轉變歷程，筆者認為是必要且也是接下來主要內容中的前提與鋪陳。

　　即使 1970 年代就已經正式進入聯合國，但中國對於維和行動的態度轉變直到 1980 年代才微微地露出一線曙光，又直到 1990 年代才開始派遣人員參與，2000 年之後才有突破性的參與現象。1999 年前中國共實際參與九項任務，派出 530 人，除 1992 年柬埔寨任務外全部都是以軍事觀察團組成，且歷年的參與率佔聯合國總體維和數量不到 1%。投票行為方面，自 1981 年第一次針對維和議題投票以來直到 1999 年中，中國在與維和行動相關的立場上可說是保守中帶有彈性，對多邊干涉行為表現出警覺性的接受與逐漸性的改變。整理這段時期中國在維和行動相關立場上所持的原則可以得知，其認為應堅持聯合國憲章之精神、需取得安理會授權、事先同意原則、中立原則、除自衛之外不得使用武力原則以及條件不成熟時不派遣維和人員[129]。然而即使有如同上述的幾個原則，在有限度參與以及逐漸接受人道主義干涉的背後，也象徵著存在於中國與西方間對於干涉行為認知之差距已經縮小[130]。

---

[129] Bates Gill, *op.cit*., p. 117；Bates Gill and James Reilly, *op.cit*., p. 44.
[130] Allen Carlson, *op.cit*., p. 224.

　　2000 年後中國的轉變，一方面承襲了與西方認知差距縮小的情況，一方面則是因為誤炸大使館事件而使中國決定放棄消極方式，而是以積極的態度參與維和行動，期望能藉由本身力量的介入防止類似事件發生，防止安理會被邊緣化，甚至是導入中國的力量去形塑其自身所欲達到的理想情況。在這樣的前提下，中國的維和內容組成出現了警察與軍隊，警察又包括維和民事警察與防暴隊，軍隊則是由解放軍非戰鬥部隊的工程隊、醫療隊以及運輸隊組成。實際參與擴大為十七項任務、人數上升為兩千兩百二十一人，而2003 年後的參與率佔聯合國總體維和數量達到 1%以上，2008 年 4月甚至達到 2.20%。另外如人員培訓與選拔的加強、參與第一級待命安排制度、提出對維和行動的建議、中國本身政策決策過程的制度化與社會化、與國際交流的擴大、經費分攤比例的提高等，都證明了中國在 2000 年前後的巨大差別。投票行為方面，中國在 2000年後呈現出對維和行動的支持，除了蘇丹與緬甸問題外，中國一律贊成維和行動的成立與授權延長，事實上最後站出來說服蘇丹同意維和行動能進行的還是中國；與 1999 年前相較，中國代表發言的內容少得多，甚至是完全未發言。

　　恰巧的是，在兩個不同時期中分別看中國的實際參與行為與投票行為，可以發現其中的相對現象。中國的實際參與行為 2000 年之後比 1999 年以前的複雜的多，而投票行為則是 1999 年以前比 2000年之後複雜的多，這也不失為一種有趣的現象。中國擴大參與的現象想必會持續下去，且會越來越深入[131]，而解釋這樣現象的原因筆者將在下一章中交代。

---

[131] 〈中國人紛紛進入國際組織高層引注目〉，**環球時報**，2008 年 1 月 22 日。http://www.pladaily.com.cn/site1/xwpdxw/2008-01/22/content_1098184.htm

（2008/3/24 查詢）

〈我首任維和部隊高級指揮官軍人赴任〉，**解放軍報**，2007 年 9 月 9 日。
http://www.chinamil.com.cn/site1/big5/xwpdxw/2007-09/09/content_944122.htm
（2008/3/24 查詢）

第四章　中國參與聯合國維和行動的原因分析及遭遇之困難

於前一章中，筆者將中國自 1971 年至今參與維和行動的過程分為兩部分來檢視，分別是 1999 年之前與 2000 年之後，並且又再把兩部分細分為實際參與行為和投票行為兩部分。筆者希望藉此可把實際情況的敘述作到盡可能詳細完整，即是為了在本章中與下一章中能襯托出本書的最終研究目的，能夠在完整說明發展的背景情況後進入分析與印證的階段。

本章中將先試圖呈現分析的部分，也就是要開始探討在前一章中所述中國作為與態度變化之原因，其中當然會包含中國內部的考量，以及外部國際環境變化下之逼迫，而這些最基礎的衡量本質中又可能包含不同面向。本章中第二部分則將一方面探討過去中國在參與維和行動曾經出現之阻礙、困難，另一方面也可藉此了解中國未來繼續參與時可能遭遇的困難，或是因為中國本身所侷限在其自身上的限制等。最後於本章之小結，筆者在針對前述之原因、困難及未來發展作粗淺的結論。

第一節　原因分析

大略將前一章中國自 1970 年代至今的參與過程仔細分析，可以得知不管是在中國內部發展或是外部國際環境皆有重大變化，此

直接導致中國近年在界定國家利益以及對外政策之目標上與過去呈現出極大之差異。在此部分中，筆者將分別列出幾點針對上述背景發展下自己歸納之原因，並以現實權力考量、利益得失衡量以及形象與國家身分定位考量三種分類作出說明。

一、現實權力考量

現實權力考量的分類中，筆者認為有下列三項原因：

（一）自身經濟實力上升

中國內部的快速發展，是分析中國近年對外政策變化原因中所不可忽略之因素。中國近年正處於一個前所未見且穩定成長的狀態，其經濟直接影響了全球近五分之一的人口。自 1988 年以降，其國民生產毛額（gross domestic product, GDP）以每年平均 8.5 個百分點成長中。如以匯率計算，1998 年中國的 GDP 總值已達到美金 9610 億，2006 年更達到了美金 2.55 兆，排名於美國、日本及德國之後為全球第四；如以購買力平價法（purchasing power parity, PPP）計算，2006 年中國的 GDP 總值則達到 10 兆美金，僅次於美國之後[1]。

與過去毛澤東時代不時發起的意識形態運動，如總路線、大躍進、人民公社的所謂「三面紅旗」，以及 1966 年開始的「文化大革命」相比，鄧小平開始推行「改革開放」後至今歷經江澤民與胡錦濤，中國近年大致上享有一個相對於過去更為穩定的社會

---

[1]　Frank S. Jannuzi, *U.S.-China Relations: An Affirmative Agenda, A Responsible Course*(New York: Council of Foreign Affairs Press, 2007), pp. 12-13.

與政治環境。因為過去歷史經驗的教訓以及對於不易得來經濟發展成果的珍惜，中國了解必須抗拒任何來自內部或外部阻礙經濟發展的因素，一切以提升與維持經濟成長為最高指導原則。也因為如此，中國近年已逐漸拋棄了過去以意識形態輸出且以此治國的方式，而是開始更踏實地追求類似西方國家所謂的國家利益，在決策中呈現出越來越多理性思考的過程，也在利益追求中呈現出越來越強烈的現實考量。

　　因為衡量本身綜合國力的上升且配合近年提倡的「新安全觀」，中國認為參與維和行動是一種重要軍事實力運用的過程，且這種實力的運用既有現實運用的成分也有潛在運用的成分[2]，換句話說，就是在實際面與抽象面兩部分的目標都可達到，這是一種因為國力提升所展現出的自信心，也證明中國內部對達成目標之手段，已呈現出較為靈活的運用方式。

（二）與美國分庭抗禮

　　當前國際情勢複雜，已不可能只用單一面向的觀點就能充分解釋某一現象，中國擴大參與維和行動的原因也不可能單純為了理想中的世界和平與國家形象，其中還是包含了現實主義中國家間權力的爭奪，尤其是中美之間的微妙關係。

　　中國向來反對帝國主義與霸權主義，從過去的反美帝、反蘇修，至今的反對單極霸權等，其實在意識形態詞藻的背後，中國本質上還是注重權力的較量。前述一些中國對外關係行為上的變

---

[2]　唐永勝，〈中國對聯合國維和機制的參與〉；王逸舟主編，**磨合中的建構：中國與國際組織關係的多視角透視**（北京：中國發展出版社，2003 年 3 月），頁 83。

化，其實並不代表其根本價值有所改變，而只是對於國家利益有
了新的認識。北京最主要的動機仍是能源安全和經濟成長，其對
經濟的重視不下於任何其他目標，而且是以更為細膩的手法來保
障這些初步的成果。另一方面，中國對在其領土周邊的國家情勢
很重視，北京對於美國在烏克蘭煽動「橘色革命」的作為非常敏
感，深怕將來會被新興民主國家包圍[3]。中國內部強硬派立場是
希望能繼續支持過去一直支持的「流氓國家」，目的是為了制衡
美國的權力[4]。周邊地區以外，中國對於歐洲地區維和行動參與
無疑是較屬於象徵性的，但其意涵乃企圖在國際安全上以實際作
為加強與歐洲國家的合作，以強化聯合國權威並反制美國的單邊
主義[5]。

　　中國由過去極為注重雙邊關係，轉變為對於國際建制等多邊主
義或是多邊外交方式大力提倡，其中之原因如前所述，即使是因為
有許多國際間的、官僚的或是心理層面的因素所造成，但是也有充
足的證據顯示這樣變化下其中一個主要的催化劑，是中國認為地區
多邊主義提供了對抗美國單邊外交的潛在防護手段[6]。1996-1997 年
中國展開了多邊主義的嘗試，主要體現在 1996 年成立上海合作組
織（the Shanghai Cooperation Organization, SCO）以及 1997 年東協

---

[3]　Stephanie Kleine-Ahlbrandt and Andrew Small, "China's New Dictatorship Diplomacy: Is Beijing Parting with Pariahs?" *Foreign Affairs*, January/February 2008, p. 51.

[4]　*Ibid*.

[5]　張雅君，〈中國參與聯合國維和行動的安全認知及其意涵〉，**國際關係學會首屆年會暨台灣與國際關係的新紀元研討會論文**，2008 年 5 月 10 日，頁 16。

[6]　Thomas Christensen, "Fostering Stability or Creating a Monster? The Rise of China and US Policy toward East Asia," *International Security*, v. 31, n. 1, Summer 2006, p. 117；Robert G. Sutter, *China's rise in Asia: promises and perils*(Maryland: Rowman & Littlefield Publishers, 2005), p. 9.

加三（ASEAN plus Three）的首屆會議展開。從那時開始，中國即大力倡導所謂的「新安全觀」並認為要拋棄「冷戰思維」和「權力政治」[7]。然而提倡這些觀念卻只是為了以另一種形式對抗傳統過於強調的權力概念，並不代表中國本質上已完全拋棄了對於權力的追逐[8]，在上述兩組織裡中國都希望透過運作，以排除美國在中亞與東南亞的既有影響力。

　　對照上述地區多邊主義，中國在聯合國的參與歷程其實也多少反應出了類似的顧慮。有鑑於冷戰後單極體系可能出現，而中國又是在「新世界秩序」下僅存的社會主義大國，決策者意識到中國必須擁抱聯合國。尤其在 1999 年科索沃問題觸發且貝爾格勒大使館遭到轟炸後，中國開始了解到如果聯合國與安理會的權威被邊緣化，其可能失去在多邊干涉運作中的影響力[9]。因此中國增加了在聯合國中的活動參與程度，其中也包含了維和相關行動，為的是要平衡來自美國以及其盟友的政治壓力[10]；中國對於維和行動如前一章所述的相關改革建議，如要求將維和行動人員貢獻國家納入決策

[7]　Thomas Christensen, *op.cit.*, p. 118.

[8]　當然目前中國所展現出的對外政策，已較不一味地如此講求權力。請參閱 Leif-Eric Easley, "Multilateralism, not multipolarity should be goal," *The China Post*, March 29, 2008, p. 4.

[9]　Yong Deng, "Better than Power: 'International Status' in Chinese Foreign Policy," in Yong Deng and Fei-Ling Wang, eds., *China Rising: Power and Motivation in Chinese Foreign Policy*(Maryland: Rowman & Littlefield Publishing, 2005), p. 59.

[10]　Pang Zhongying, "China's Changing Attitude to UN Peacekeeping," *International Peacekeeping*, v.12, n. 1, Spring 2005, p. 90；Evan S. Medeiros and Taylor Fravel, "China's New Diplomacy," *Foreign Affairs*, November/December 2003, p. 23；Rebecca Jackson, "China Playing Major Part in Global Peacekeeping," *Malaysia Sun*, December 23, 2007.
http://story.malaysiasun.com/index.php/ct/9/cid/ed68ecccb9e5520c/id/311747/cs/1/（2008/3/31 查詢）

參與[11]，也可看作中國要引進這些開發中國家的勢力以限縮美國在相關議題上的主導權[12]。2001 年的「911 事件」後雖然中國也曾私底下清楚向美國表示，除了核心利益被挑戰外，中方將避免與美國產生衝突[13]，但顯而易見的，2003 年中國還是站在反對美英兩國向伊拉克出兵之一方。2005 年公佈的「關於聯合國改革問題的立場文件」裡，中國更是大力呼籲要確立聯合國的權威性：

> 聯合國在國際事務中的作用不可或缺。作為最具普遍性、代表性和權威性的政府間國際組織，聯合國是實踐多邊主義的最佳場所，是集體應對各種威脅和挑戰的有效平台，應該繼續成為維護和平的使者，推動發展的先驅。通過改革加強聯合國作用，符合全人類的共同利益。[14]

中國還認為應「維護聯合國憲章的宗旨和原則，特別是主權平等、不干涉內政、和平解決爭端、加強國際合作等」[15]，顯然這是有意平衡美國略過安理會架構而進行伊拉克戰爭的立場表達，此與中國自 1999 年以來作為一個聯合國「維護者」的立場是一致的[16]。

　　總體來看，以實際參與維和行動並且透過投票行為表達其原則的方式融入國際建制、塑造「負責任大國」形象，其背後還是存有

---

[11] 聯合國安理會決議 S/RES/1353（2001）

[12] Stefan Staehle, "China's Participation in the United Nations Peacekeeping Regime," *Master Thesis of The Elliott School of International Affairs of The George Washington University*, May 2006, p. 78.

[13] Robert G. Sutter, *op.cit.*, p. 7.

[14] 中國外交部，**中國關於聯合國改革問題的立場文件**，2005 年 6 月 7 日。http://www.fmprc.gov.cn/ce/ceun/chn/xw/t199100.htm（2008/3/24 查詢）

[15] 同上註。

[16] Yong Deng and Thomas G. Moore, "China Views Globalization: Toward a New Great-Power Politics," *The Washington Quarterly*, v. 27, n. 3, Summer 2004, p. 126.

重新評估聯合國作為一個有效平衡美國單極強權的國際建制[17]之考量，甚至希望將過去由美國獨霸的單極體系，轉變為能使中國成為國際上大國之一的多極體系[18]。

（三）事涉台灣

除了前述與美國在權力間的較量外，中國參與維和行動的另一個原因則是與台灣有關。原則上，中國認為透過參與維和行動可以壓縮台灣尋求獨立的國際空間，原因在於派遣維和人員到一些國內局勢動盪、缺乏自我防衛能力的國家可以獲取他們的好感，也可藉此抵銷台灣所進行的「金援外交」效果[19]。

過去中國如此堅持不干涉他國內政、非武力與事先同意原則，其實即反應出深怕西方各國會以同樣的模式介入台海事務[20]。如果與台灣有正式邦交的國家是維和行動欲派遣的當事國，中國的態度就會比較強硬。以下是幾個相關的例子：

---

[17] Yasuhiro Takeda, "International Peace Operations by Japan and China: Are Modernization and Restructuring of the Military Forces a Double-Edged Sword?" *paper presented in Silk Road Studies Program Conference*, March 8-9, 2007, p. 7.
http://www.silkroadstudies.org/new/inside/forum/CM_tokyo2006/papers/paper_TAKEDA.pdf（2008/3/24 查詢）

[18] Avery Goldstein, *Rising to the Challenge: China's Grand Strategy and International Security*(California: Stanford University Press, 2005), p. 24.

[19] 趙磊，建構和平：中國對聯合國外交行為的演進（北京：九州出版社，2007年9月），頁209；Colum Lynch, "China Filling Void Left by West in UN Peacekeeping," *The Washington Post*, November 24, 2006, A12；Drew Thompson, "Beijing's Participation in UN Peacekeeping Operations," *China Brief*, v.5, issue 11, May 10, 2005, p. 8.

[20] Yin HE, "China's Changing Policy on UN Peacekeeping Operations," *Asia Paper published by the Institute for Security and Development Policy*(Sweden), July 2007, p. 59.

1. 海地

　　1996 年 2 月海地因為邀請中華民國當時的副總統李元簇參加新任總統 Rene Preval 的就職典禮，引起了中國強烈不滿並打算擱置聯合國海地特派團（UNMIH）的任務延長決議草案[21]。此舉引起其他十四個安理會成員國的非議，最終中國折衷同意將任務部隊數量減為一千兩百人而非原本草案的一千九百人[22]。

　　2004 年 4 月底成立聯合國海地穩定特派團（MINUSTAH）時中國贊成且未發言[23]。雖然因為海地總統預計在 2005 年 7 月訪問台灣，而一度引起中國與安理會其他成員國間針對任務延長期限無法達成一致意見[24]，但至今中國仍有一百三十四名防暴隊參與當地維和行動。

2. 瓜地馬拉

　　1997 年 1 月 10 日，美、英等共十二個國家起草了一個決議草案，希望授權在聯合國瓜地馬拉核查團（MINUGUA）內設立一個為期三個月的軍事觀察員與醫療人員小組。但因為瓜國與台灣有正式邦交並積極支持台灣加入聯合國，因此中國基於「一個中國」原則立場認為瓜國損害了中國領土與主權的完整，並認為「一個國家的和平進程不能以損害另一個國家的主權和領土完整為代價」，因此否決了

---

[21] Barbara Crossette, "China Takes a Slap at Haiti," *New York Times*, March 3, 1996. http://query.nytimes.com/gst/fullpage.html?res=9B0DE3D91E39F930A35750C0A960958260&sec=&spon（2008/4/2 查詢）

[22] 聯合國安理會決議案 S/RES/1048（1996）

[23] 聯合國安理會會議記錄 S/PV.4961（2004/4/30）

[24] Philippe Rater, "Haiti gets caught up in China-Taiwan standoff," *Agence France-Presse*, May 30, 2005. http://www.caribbeannetnews.com/2005/05/30/standoff.shtml（2008/4/2 查詢）

該決議草案[25]。1 月 20 日事件有了戲劇化轉變，在瓜地馬拉與中國達成協議不再支持台灣加入聯合國後[26]，中國即針對十天前被否決的決議草案內容投下贊成票[27]。

3. 馬其頓

1999 年 2 月，由美、英、加、法、德等六國起草了聯合國預防性部署部隊（UNPREDEP）任務延長六個月的決議草案。因馬其頓與台灣於該年 1 月 27 日建交[28]，因此該草案於 2 月 25 日表決時遭到中國否決，雖然其理由認為馬其頓之情勢已有明顯改善，因此不需延長維和行動任務[29]。但其實中國行使否決權的動機，勢必與台灣因素有關，無法不令旁人作出聯想，且這樣的決定也為中國強調的「負責任大國」形象覆蓋上了一層陰影[30]。

4. 賴比瑞亞

1997 年泰勒結束賴國內戰，保持與台灣邦交。然 2003 年賴國新政府上台，因急需聯合國維和行動進駐，因此筆者推論賴國於該年 10 月與台灣斷交之部分原因，亦與爭取中國支持聯合國賴比瑞亞特派團（UNMIL）議案[31]通過有關。

---

[25] 聯合國安理會會議記錄 S/PV.3730（1997/1/10）

[26] Yin HE, *op.cit.*

[27] 聯合國安理會會議記錄 S/PV.3732（1997/1/20）

[28] 中華民國外交部，**中華民國八十八年外交年鑑（網路版）**，2000 年 6 月。http://multilingual.mofa.gov.tw/web/web_UTF-8/almanac/mo3/chapter1-4.htm（2008/4/2 查詢）

[29] 聯合國安理會會議記錄 S/PV.3982（1999/2/25）

[30] Rachel E. Utley, *Major Power and Peacekeeping: Perspectives, Priorities and Challenges of Military Intervention*(USA: Ashgate Publishing Company, 2006), p. 87.

[31] 聯合國安理會決議 S/RES/1509（2003）

　　總體來看，在中國較早期的維和行動參與中，台灣因素的確是左右其考量的主因之一，此由 1996 年海地問題、1997 年瓜地馬拉問題及 1999 年馬其頓問題中國強硬的態度可以得知。然而隨著馬其頓於 2001 年、賴比瑞亞於 2003 年與台灣斷交，中國發現國際整體情勢對其轉為有利，加上前述幾次的否決都招致大部分國家的非議，其態度開始轉變。即使海地仍與台灣有正式外交關係，但 2004 年中國未再阻撓聯合國海地穩定特派團的成立。其立場的緩和使其不再使用強硬的手段，而是改採「先派兵再感化」的做法，2003 年的賴比瑞亞已經成功，海地則是下個目標。由此看來中國已經決定如果客觀情勢可行，則以維和行動當籌碼而不與台灣「金援外交」共舞，可見中國的外交手段已越趨靈活與務實。

二、利益得失衡量

　　利益得失衡量的分類中，筆者認為有下列三項原因：

（一）融入國際建制

　　鑒於經濟上的互賴導致國與國之間的安全與利益關係更為複雜與相互牽連，當代任何國家都已經無法自外於全球化現象，正在朝向現代化國家邁進的中國，也因為擴大全球經濟的參與而根本上改變了其對外關係的行為[32]。即使在多年批評全球化對主權與國內穩定之破壞後，中國的領導階層在 1990 年代初期開始

---

[32] Thomas G. Moore and Dixia Yang, "Empowered and Restrained: Chinese Foreign Policy in the Age of Economic Interdependence," in David M. Lampton, ed., *The Making of Chinese Foreign and Security Policy in the Era of Reform, 1987-2000*(California: Stanford University Press, 2001), p. 203.

體認到中國必須融入全球化以求達到國內穩定與國際安全的雙
重目標[33]；另外，中國不可能承擔得起現行制度遭受破壞的代價，
也不可能另外建立新的國際制度[34]。因此接受部分現行國際建制
設定的規則與價值，在這些新的認同與價值中重新建構利益的內
容[35]是中國在全球化時代必須走的路。而過去的經驗也證明了中
國的戰略選擇應該是積極全面地參與國際建制，實踐方式如參與
國際建制的修改和完善過程，促使國際建制更為合理、合法、民
主並兼顧效率與公平；參與國際建制的制定，主動促成積極性國
際建制的建設；積極參與國際建制的決策，適時承擔一個主導國
的角色[36]。

　　了解安全議題如同經濟議題在全球化時代同樣造成國家間互
賴關係的加深後[37]，中國漸漸地開始涉入安全面向的多邊國際建
制。而參加維和行動則為中國比較深入地融入到國際安全建制提
供了一個有效的途徑，因為維和行動是具有特殊且重要作用的全
球性多邊安全建制之一，更深入的參與將大大加強與外界的安全
聯繫[38]。以中國本身利益來說，參與維和行動、進而維護國際和

[33] Robert S. Ross and Alastair Iain Johnston, "Introduction," in Alastair Iain Johnston and Robert S. Ross, eds., *New Directions in the Study of China's Foreign Policy*(California: Stanford University Press, 2006), p. 7；Alastair Iain Johnston, *Social States: China in International Institutions, 1980-2000*(New Jersey: Princeton University Press, 2008), p. 205.

[34] Samuel S. Kim, "Chinese Foreign Policy Faces Globalization Challenges," in Alastair Iain Johnston and Robert S. Ross, eds, *op.cit.*, p. 281.

[35] 張登及，〈冷戰後中共參與國際組織的歷程：一個概觀〉，**中國事務**，第九期，2002 年 7 月，頁 104。

[36] 門洪華，〈國際機制與中國的戰略選擇〉，**中國社會科學**，2001 年第 2 期，頁 186。

[37] Jianwei Wang, "China's Multilateral Diplomacy in the New Millennium," in Yong Deng and Fei-Ling Wang, eds., *op.cit.*, p. 161.

[38] 唐永勝，前揭文，頁 85。

平環境對其長久經濟發展顯然有利，而為了維持這種「國際聯繫利益」（interest in international linkages），中國必須對於敏感的主權或是不干涉原則問題以較為彈性與務實的方式對待之[39]。對其他國家來說，中國在維和行動中發揮更大的作用可以對國際社會帶來明顯的效益，當中包括了促進中國進一步融入國際社會、接受國際規範、增加軍事透明度、建立多邊信任機制等[40]。此外，我們可從前述中國參與的維和行動歷程中得知，中國對於周邊環境之穩定異常重視，在柬埔寨、東帝汶以及阿富汗問題上都非常果決，對北韓試射飛彈也予以口頭上的譴責，可見和平的國際環境配合彈性的外交手段，已成為當前中國參與國際建制乃至維和行動的原因與方式。

中國正處於一個國際制度前所未有發達的環境，也正利用此機會提升國家實力與地位[41]，因此不論是出於本身需求或是國際期待，目前正是中國第一次贏得平等參與國際建制決策的可能，選擇消極參與將錯過千載難逢的良機[42]。雖然透過參與國際建制進而塑造對己有利國際環境之成果尚未非常明顯，但中國仍舊以此作為對外政策之方向，也的確在參與維和行動上呼應了這樣的立場。

（二）增加訓練機會

自 1962 年的中印戰爭及 1979 年的中越戰爭以來，解放軍已有許久未經歷大規模實戰經驗，因此參與維和行動的另一原因及

---

[39] Pang Zhongying, *op.cit.*, p. 97；Bates Gill, *Rising Star: China's New Security Diplomac*y(Washington D.C.: The Brookings Institution Press, 2007), pp. 113-114.

[40] Bates Gill, *op.cit.*, p. 94.

[41] Marc Lanteigne, *China and International Institutions: Alternate paths to global power*(New York: Routledge, 2005), p. 1.

[42] *Ibid.*, p. 184.

好處，就是中國可藉機鍛鍊和檢驗解放軍的人員素質與裝備質量，進一步加強其國防現代化的建設。如果能借助聯合國的經費參與維和行動，就可以豐富解放軍在新軍事技術條件下，特別是聯合作戰的實戰經驗，此實際上等於聯合國出資為派遣國提供了一個近乎實戰的軍事演習機會[43]。除了在任務執行方面的學習外，解放軍也可藉由海外部署測試自身的後勤體系，當然也有機會學習到各國的後勤操作實務[44]；甚至在獲取軍事經驗與能力之外，還有利於進行新的軍事實踐和發展創新軍事理論[45]。

以非洲的實際例子來看，在非洲的維和任務期限大多介於 6 到 12 個月間，因此解放軍每年可以輪替約 2000 名軍官與士兵參與任務。由於這些被派遣的單位事先都經過挑選，隨行軍官在其軍旅生涯中也多次派駐當地，因此這些軍官可能已經與美國涉外軍官（foreign area officers, FAOs）同樣具備了在撒哈拉南部地區（Sub-Saharan Africa）的戰術與任務執行技能。某些參與多次非洲維和任務的資深解放軍軍官，甚至具備了自冷戰結束以降極少數非洲人以外才擁有的戰場指揮能力[46]。

除了解放軍可汲取實戰經驗外，民事警察也可以藉由參與維和行動培養一批具有國際工作經驗和外事工作經驗的人才。畢竟隨著中國對外開放的擴大，涉外警務工作越來越多，特別是在打擊經濟和刑事犯罪的跨國追逃工作中，急需一批精通外語、具有

---

[43] 趙磊，前揭書，頁 208-209。

[44] Drew Thompson, *op.cit.*, p. 8；Yasuhiro Takeda, *op.cit.*, p. 11.

[45] 唐永勝，〈中國與聯合國維和行動〉，**世界經濟與政治**，2002 年第 9 期，頁 42。

[46] Peter Pham, "Pandas in the Heart of Darkness: Chinese Peacekeepers in Africa," ***World Defense Review***, October 25, 2007. http://worlddefensereview.com/pham102507.shtml（2008/3/23 查詢）

國際警務合作經驗的人才，派遣民事警察參與維和行動即是一種
具有特殊意義的國際警務合作。此外，民事警察可藉維和行動提
高內部整體素質，可在與眾多國家在聯合國體制下合作而學習到
國外先進的警務管理與技術。當然除了上述，中國也可透過與他
國警務交流，在國際舞台上展示中國警察的形象[47]。而在海地任務
中的防暴隊則可以藉此訓練其大規模群眾控制技巧，這對於將來
中國國內治安加強，甚至是 2008 年北京奧運的意外事件管控上都
是有正面助益的[48]。

　　總體來看不論是解放軍、民事警察或是防暴隊，都可透過實
際參與維和行動的機會磨練其實戰技能，同時獲取更多的後勤補
給、部隊投射以及突發事件管理經驗。除本身精進之外，也可透
過與各國人員的接觸與交流，達到類似軍事外交與學習的效果，
可謂一舉數得。

（三）保護海外利益

　　近年因為中國在海外，尤其是非洲地區投資的急劇增加，截至
2003 年底，中國中石油企業累計在蘇丹石油領域投資 27.3 億美元，
並提供了中國每年上百萬噸穩定的石油供應來源[49]，因此尋求適當
方式保護在海外的資產也成為了參與維和行動的考量因素之一。至
海外執行維和任務順便可以保護中國僑民安全、預防維和區域「排

---

[47] 趙宇，〈論中國民事警察參與聯合國維和行動的意義〉，**中國人民公安大學
學報**，2004 年第 3 期（總第 109 期），頁 150。

[48] Stefan Staehle, *op.cit*., p. 61.

[49] 〈非洲：中國石油戰略新重點〉，**BBC 中文網**，2005 年 6 月 13 日。
http://news.bbc.co.uk/chinese/trad/low/newsid_4080000/newsid_4082700/4082
700.stm （2008/3/20 查詢）

華事件」發生、維護經濟權益、確保海外中國企業與公司的安全發展環境、保障能源及海路暢通等[50]。當然除了保護既有的海外利益，中國也期望透過派遣維和人員至某些天然資源豐富但情勢動盪的地區，協助穩定該地區的情勢以利中國在當地的投資行為可以順利進行[51]。畢竟這些地區的不穩定，除了將對中國外銷產生不利影響，也將影響原物料及能源的獲取，此可解釋中國在非洲地區維和行動參與上展現的積極態度[52]。

　　除了實質利益需要保護外，其他對外因素也被納入考量，其中之一就是中國與開發中國家間的關係。中國一向以開發中國家的代言人自居，1971 年進入聯合國之前，中國即在外圍組織以開發中國家為主的力量以求與聯合國抗衡；進入聯合國初期，中國也未停止與開發中國家聯合杯葛西方國家的倡議，即使近來極力尋求與西方國家關係的改善與深化，中國在口頭上仍舊未降低拉攏開發中國家的姿態[53]。隨著維和行動本質上轉向將人道救援與國內建設綜合起來的發展態勢，中國更是無法拒絕對這樣類型的維和行動給予支持，否則勢必影響其在開發中國家間既有的聲譽[54]。

　　總體看來，實際參與維和行動已成為中國對於其在海外有實質投資利益，且局勢動盪地區「風險控管」的相應作為方式，同時也是保持與開發中國家聯繫並爭取認同及信任的管道。如此看來，又可再一次印證中國擴大參與維和行動的考量是全面且務實的。

---

[50] 趙磊，前揭書，頁 209。

[51] Colum Lynch, *op.cit*.

[52] Peter Pham, *op.cit*.

[53] 康紹邦、宮力著，**國際戰略新論**（北京：解放軍出版社，2006 年 8 月），頁 106-108。

[54] Stefan Staehle, *op.cit*., p. 60.

三、形象與國家身分定位考量

形象與國家身分定為考量的分類中，筆者認為有下列兩項原因：

（一）塑造「負責任大國」形象

隨著全球化現象的加深，國際局勢牽一髮而動全身，中國對國際社會引發的外部影響因素越趨敏感，同時也為了爭取較為和平穩定的國際局勢，導致中國對於外部因素產生了不同的對應作為。塑造「負責任大國」形象成為了除前述融入國際建制、追求和平國際環境外，近來中國一直強調的對外政策目標，對中國來說，「負責任大國」代表了融入國際社會並且肩負了保持國際經濟與安全制度現狀的承諾[55]。其基本出發點一部分是為了消極地對抗西方，尤其是美國所帶頭散發的「中國威脅論」[56]，因此中國學者們呼籲應該要克服過去的「受害者心態」（victimhood），而以大國心態（great power mentality）代之，並勇於承擔責任、增加國際影響力[57]；當然這同時也可積極地在負責任的定位上尋求與相關國際社會、區域國家以及發展中國家建立彼此協調的關係，進一步改善國際形象並爭取認同[58]。

對中國來說，以實際行動來證明其負責任的態度是破除類似不利說法的最有效方式。從聯合國架構下面向來看，對照美國在伊拉克進行的反恐戰爭，中國所參與的維和行動都是在安理會授權之下進行的。突顯兩者相對特徵，一來可以展現中國對國際社會的參與

[55] Alastair Iain Johnston, *op.cit.*, p. 205.

[56] Stefan Staehle, *op.cit.*, p. 69.

[57] Evan S. Medeiros and Taylor Fravel, *op.cit.*, p. 32.

[58] 張登及，前揭文，頁104。

及貢獻,是個「負責任的大國作為」;二來也可展現其是個恪守聯合國機制的國際成員[59]。2005 年 7 月《北京週報》中的一篇文章,即以中國「將積極參與維和行動但不會介入他國之戰爭」,駁斥「中國威脅論」[60]。簡單來說,中國認為維護世界和平與安全是其作為大國之責任,而此責任必須在聯合國安理會架構之下實踐[61]。中國在安理會中的投票行為則是另一個觀察焦點。自 1981 年後,否決權的使用已經是少之又少,這樣的現象可以被認為是中國不想讓自己陷入孤立。改以棄權的方式表現了中國原則堅定、運用靈活的行為準則,一方面可以表明反對立場,一方面又可避免樹敵太多。這說明了中國既不是沒有積極地參與聯合國活動,也說明其不與聯合國作對,而是針對個別情況具體對待和以小求大的原則[62]。

當然,除了中國本身追求負責任形象的建立外,外在的壓力也是促成主因之一。北京已經無法像過去無條件地支助一些流氓國家(rough state),為了穩固與歐美國家間的戰略與經濟關係,同時要避免不必要的聲譽上的風險(reputational risks)[63],中國擔心過分支持這些國家會引起不必要的後遺症,如此造就中國更加承擔了

---

[59] 趙磊,前揭書,頁 207;Bates Gill and James Reilly, "Sovereignty, Intervention and Peacekeeping: The View from Beijing," *Survival*, v. 42, n. 3, Autumn 2000, p. 41;David Lague, "News Analysis: An Increasingly Confident China Lends Clout to UN," *International Herald Tribune*, September 19, 2006. http://www.iht.com/articles/2006/09/19/news/china.php(2008/3/31 查詢)

[60] Li Jianguo, "China Threat?" *Beijing Review*, July 7, 2005, p. 2.

[61] 張清敏,〈冷戰後中國參與多邊外交的特點分析〉,**國際論壇**,2006 年第 2 期,頁 57;李寶俊、徐正源,〈冷戰後中國負責任大國身份的建構〉,**教學與研究**,2006 年第 1 期,頁 51;Drew Thompson, *op.cit.*, p. 8.

[62] 伊麗莎白‧埃克諾米(Elizabeth Economy)、米歇爾‧奧克森伯格(Michel Oksenberg)主編,**中國參與世界**(北京:新華出版社,2000 年),頁 65-66。

[63] Colum Lynch, *op.cit.*

塑造自身成為「負責任大國」的動力[64]。不論這些外力是否有意改變中國，現階段的情勢已使中國認識到建立國際社會相互間的聯繫、期望、承諾與聲望是符合其利益的，且這可能成為未來幾年中制定較具建設性政策方向的基礎[65]。

2006 年 6 月間，中國駐聯合國大使王光亞就曾斥責其他國家忽視索馬利亞問題並敦促成立維和行動，這是中國首次帶頭針對其領土千里之外的區域敦促外國勢力進行干涉，此即北京立場的重大轉變[66]。這也象徵了中國正在尋求與其上升中國家實力相匹配的國際大國地位，而其中的媒介就是對於國際社會之責任[67]。因此可以得知，其自身對於「負責任大國」定位之追求以及尋求國際間對此之認同，成為了分析中國擴大參與維和行動所不可忽視的因素。

（二）國家身分重新定位與學習

除了在國家實力上升而帶來更多自信心與國際接觸外，中國是如何改變自我的認知，是如何以不同的角度看待其對國際的影響以及國際對他的影響？這應該從中國自我身分的重新定位開始討論。

國家身分是指一個國家相對於國際社會的角色。具體地說，國家身分是一個現代化意義上的主權國家與主導國際社會的認同程度[68]。國家對國際社會的態度和行為是基於國家身分而產生的，

[64] Stephanie Kleine-Ahlbrandt and Andrew Small, *op.cit.*, p. 39.

[65] Bates Gill, "Two Steps Forward, One Step Back: The Dynamics of Chinese Nonproliferation and Arms Control Policy-Making in an Era of Reform," in David M. Lampton, ed, *op.cit.*, p. 287.

[66] Colum Lynch, *op.cit.*

[67] Samuel S. Kim, "Chinese Foreign Policy Faces Globalization Challenges," in Alastair Iain Johnston and Robert S. Ross, eds, *op.cit.*, p. 281.

[68] 秦亞青，〈國家身分、戰略文化和安全利益：關於中國與國際社會關係的三

不同身分的國家會有不同的觀念和政策；同一個國家，如果身分
發生了具有意義的變化，其對國際社會的觀念和政策也會隨之產
生變化。環境的變化、社會進程的發展、互動頻數的增減都會導
致國家的身分在一定程度上變化。這些變化經過行為體在實踐互
動中的反饋，就會使行為體對原先的身分進行反思、修正或改變，
而變化的政治文化環境可能會使行為體認識到修正或改變後的身
分更適合變化後的環境[69]。

　　以較大的面向來看，初期與國際之接觸過程，中國還是帶有濃
厚的不信任與排斥，此時期中國還未嚴肅思考身分定位問題，只以
意識形態帶領國家走向；1980 年代配合內部的「改革開放」，中國
開始在不同的環境下思考其自我身分的定位，結果證明中國的確開
始作出改變；1990 年代隨著冷戰結束中國又面臨新的世界局勢，
加上與國際間的接觸更為頻繁，中國的調整與學習更為明顯，中國
也更加深地融入國際社會[70]。可以說，在經過較長一段時間接觸
後，一方面國際制度調整了某些原有的規則與安排，另一方面中國
隨著參與頻率和國內機構的發展，參與的質量和信心都在增加。這
就是一個合群化（socialization process）與雙贏的過程，也就是典型
的學習認知現象[71]。極為明顯的，中國已經由過去對國際社會具有
負向認同的「革命性國家」，轉為希望能維護國際社會基本現狀、

個假設〉，**世界經濟與政治**，2003 年第 1 期，頁 10。

[69] 同上註，頁 11；Elizabeth Economy, "The Impact of International Regimes on Chinese Foreign Policy-Making: Broadening Perspectives and Policies...But Only to a Point," in David M. Lampton, ed., ***op.cit.***, p. 236.

[70] 張清敏，前揭文，頁 58。

[71] 江憶恩、羅斯主編，**與中國接觸：應對一個崛起的大國**（北京：新華出版社，2001 年 1 月），頁 304-340；蘇長和，〈中國與國際制度：一項研究議程〉，**世界經濟與政治**，2002 年第 10 期，頁 10。

對國際社會具有正向認同的「現狀性國家」。依照秦亞青的分類，中國目前屬於第二等級的認同，係指中國為了自己的利益與國際社會認同，自我利益的驅動使國家產生加入國際社會的動機並希望維護國際社會的基本秩序安排[72]。

而以維和行動的參與過程來看，1970 年代完全否定維和行動，是中國對外界排斥與不信任的明顯佐證；1980 年代開始參與投票、1990 年代開始實際參與，並在 2000 年之後擴大與深化，皆是上述由「革命性國家」轉為「現代性國家」的對照。更細部來說，中國是如何開始將自身利益與國際社會共同認知作結合？在此部分筆者以建構主義的「學習」（learning）概念作為敘述主軸。中國的適應學習具體呈現在兩個方面，第一就是中國對外政策的決策者越來越能接受新型態的國際干涉模式；第二則是中國的國際形象以及其對人道救援行動的態度轉變。前者使得中國對於主權概念採取了更為開放與彈性的看法，也導致了中國逐漸習慣多邊干涉；後者則是使北京有機會向國際展示其負責任、願意合作的一面[73]。儘管此時維和行動職權和範圍的明顯擴大，增強了其自身定位的模糊性與影響的多面性，同時也在認知上和實踐上對中國提出了嚴重挑戰[74]，但最終證明了中國在維和制度中也出現了適應性學習（adaptive learning）[75]的過程。儘管其中似乎缺少了認知性學

---

[72] 秦亞青，前揭文，頁 11。

[73] Allen Carlson, "More than Just Saying No: China's Evolving Approach to Sovereignty and Intervention since Tiananmen," in Alastair Iain Johnston and Robert S. Ross, eds., *New Directions in the Study of China's Foreign Policy* (California: Stanford University Press, 2006), p. 218；Bates Gill, *Rising Star: China's New Security Diplomacy*, p. 113.

[74] 唐永勝，〈中國與聯合國維和行動〉，頁 41。

[75] Samuel S. Kim 則認為中國把「這種適應性現實政治戰略逐漸發展成一種以小求大的行為方式，使得中國在多邊棋盤上參與多邊安全遊戲時，既能通

習的動力，但中國對於維和行動採取了越來越積極務實的態度，並被證明可以採取適應的方式推動維和行動的發展[76]。

　　江憶恩（Alastair Iain Johnston）曾提過兩個中國外交政策的觀察重點，第一是中國與國際架構的互動將會對國際架構帶來什麼改變，第二則是不論在規範性或是權力性的國際架構下，中國會朝哪什麼方向發展[77]。如果單就維和行動來說，近年來中國與諸多國家間的交流活動可以看出國際改變了中國態度與認知後，也同樣地反向改變了國際對中國參與的重視；而中國的走向，如同上述透過自我定位與學習的過程，想必在無其餘因素干涉之下將會進一步深化與擴大。

　　經過上述的分析可知，中國參與維和行動的背後原因是多面向的。可以是出於現實考量，將維和行動定位在工具性的以求達到鞏固權力及國際地位；也可以是出於利益考量，除了自身利益外，也代表了中國越趨展現出對國際安全合作的重視；也可以是出於形象與國家身分定位及學習考量，代表中國對於國際相關因素更為敏感。然而不論如何，中國參與維和行動還是面臨了不少限制，筆者將於下一節做說明。

過自行其道或緘默策略實現其安全利益最大化，又能將其形象代價降至最低」。請參閱伊麗莎白・埃克諾米、米歇爾・奧克森伯格主編，前揭書，頁81。由於此書是在 2000 年出版，因此未必能反應最新的中國態度改變，但可令吾人知悉過去外界對中國的質疑立場。

[76] 唐永勝，〈中國對聯合國維和機制的參與〉，頁80。國內學者張登及則認為：「長期而言，中國企圖藉參與改變體制使其有利於自己，但參與本身也同時改變自己的認同定位，推動其『國內進步』」，請參閱張登及，前揭文，頁104。

[77] Alastair Iain Johnston, "International Structures and Chinese Foreign Policy," in Samuel S. Kim, ed., *China and the World*(Colorado: Westview Press, 1998), p. 79.

第二節　困難與限制

　　由第三章的介紹中，吾人可以得知在 2000 年之後中國維和行動的實際參與數量與質量皆呈現出極大的成長，同時在相關的投票行為上，也逐漸脫離了過去對維和行動的不信任與所堅持的主權原則。然而，這樣的改變並不代表中國沒有遇到困難與限制，這些困難與限制也極可能成為未來中國持續參與的變數，是研究者所不可忽略的。以下筆者分別討論到經費與資源有限、主權與干涉原則拉扯以及形象傳達反效果的顧慮三項：

一、經費與資源的有限

　　無論是經費支持能力，還是人員培訓能力，中國都還不能與已開發國家相比，而缺少足夠的訓練有素和經驗豐富的維和人員尤其不能忽視。實際上，這也構成困擾中國深入加入聯合國維和制度非常現實和亟待解決的最基礎性因素，從根本上制約著對維和行動的深入參與[78]。

　　隨著經濟急速的發展，外界對中國所應承擔的責任有更高的期待。但國際上卻有一種誇大中國經濟實力的傾向，過於強調中國經濟生產總值和經濟成長率，卻沒有考慮到中國經濟基礎和結構的缺失。因為仍是自我定位在開發中國家，加上維和行動面臨的任務情況更為複雜，主觀與客觀上雙方面的限制，迫使中國一方面可能無法投入太多資源在維和領域，另一方面卻也必須就現有已參與的維和行動能力做更多的提升[79]，其中最明顯的例子就

---

[78] 唐永勝，〈中國對聯合國維和機制的參與〉，頁 74。
[79] 同上註，頁 75。

是待命安排制度。1997 年中國原則上同意參加此制度，2002 年則決定加入第一級待命安排，但直到目前為止中國還未加入第二級的待命安排，更別說是第三級。學者普遍認為這是因為目前中國仍缺乏所需的空中或海上能力，以及無法有效運輸大量部隊與物資至海外所反映出的現象[80]。

這的確造成兩難的局面，且是在短期間所無法克服的[81]。而中國學者面對這樣的情況，似乎已經認為不該無限制的參與維和行動，否則將可能隨之產生一系列新的不穩定因素，最終導致國家利益的受損[82]。這是否成為未來中國持續投注在維和行動上變數，想必會是將來的觀察重點。

二、主權與干涉原則的拉扯

由前所述，中國理當已經克服了對主權以往太過嚴苛的認知，漸漸朝向全球化潮流以及採取彈性的做法，並以追求國家利益為優先，才會有後續政策上的調整以及參與維和行動實際數字呈現出的變化。因此乍看之下，讀者也許會認為筆者把主權與干涉原則再次提起，是自打嘴巴、前後矛盾。然而，須知中國態度這樣的改變仍非是個絕對性的轉向，充其量只是個相對的變化。直到今日，一些中國內部的拉扯仍在進行，筆者認為在此還是必須說明清楚。

---

[80] Bates Gill, *Rising Star: China's New Security Diplomacy*, p. 123；Yasuhiro Takeda, *op.cit.*, p. 4；同上註，頁 77。

[81] Pang Zhongying, *op.cit.*, p. 100.

[82] 任晶晶，〈聯合國的昨天、今天與明天──「紀念聯合國成立六十週年：歷史回顧、改革前景與中國作用學術研討會綜述」〉，**世界經濟與政治**，2005 年第 3 期，頁 79。

　　對於主權原則的規範性議題，中國即使已展現了不小的彈性，但其亦深知這是個「雙面刃」。放寬嚴格的界定雖然可以使中國有更多的國際事務參與機會，也可避免與他國間的不必要爭執；然而過於寬鬆的後果也將會危及對台灣的立場[83]。雖然中國目前對維和行動的認同感已經大大增加，但畢竟參與時間不長，對維和行動的切身體驗仍然有限，要形成非常清晰的判斷十分不易。尤其在後冷戰時期，維和行動本質上巨大的變動，職權的明顯擴大，性質的模糊性、微妙性與複雜性，使得中國對維和行動定位的困難增加。中國會擔心掉進干涉內政的陷阱，甚至由此會「引狼入室」，導致他國有朝一日利用聯合國來干涉中國內政[84]。

　　最明顯的例證就是2004年7月、9月以及2006年8月關於蘇丹達佛問題，中國認為維和行動並未取得當事國事先同意，而投下棄權票[85]；另外2007年1月針對緬甸問題，中國更是以不應干涉內政為由罕見的投下了反對票[86]。中國的立場引起了不少批評，外界大多認為「中國未利用自身在蘇丹的巨大影響去幫助解決內亂問題」[87]等。然而事後可以發現，即使中國背負沉重的國際壓力，需要胡錦濤親自去向蘇丹總統「曉以大義」而取得後者同意，中國仍舊不輕易改弦易轍，寧願以「繞遠路」的方式也不在安理會中開啟先例，以怕日後落人口實。

　　鑑於中國與其他西方國家在國內制度和基本歷史經歷的不同，中國又對完全融入國際社會所造成的對本國主權的影響抱有一定的疑懼，中國在回歸國際社會的過程中，進一步開放與主權

---

[83]　Yin HE, *op.cit.*, p. 57.

[84]　趙磊，前揭書，頁205；Rebecca Jackson, *op.cit.*

[85]　聯合國安理會會議記錄 S/PV.5015（2004/7/30）、S/PV.5040（2004/9/18）、S/PV.5519（2006/8/31）

[86]　聯合國安理會會議記錄 S/PV.5916（2007/1/12）

[87]　趙磊，前揭書，頁228。

關切之間的兩難將是無法迴避的[88]。當然中國並非完全沒有彈性，其內部也認為「不能由於維和行動中存在干涉傾向而放棄應該有的和平努力」、「維和行動介入一國內部事務有時也許不可避免」，但同時「如果授權和目標不明確，或者個別國家的意願影響過大，就可能嚴重偏離維和行動的原則和宗旨」[89]。以理性的角度來看，中國原則上會增加對維和行動的支持，但其國家核心利益當然不能被犧牲。也就是因為如此，即使中國相較過去已經越趨務實與理性，對於維和行動中之干涉行為是否要採取積極或是消極的態度，目前仍未得出一個較明確的處理原則[90]，因此這方面的態勢發展仍舊是往後研究與觀察的重點。

三、形象傳達反效果之顧慮

前一節所述中國之所以會參與維和行動並擴大其深度，就是對國家身分重新定位，並且由「革命性國家」轉為「現狀性國家」的一種表現。只是在思想上配合維護國際社會基本現狀、對國際社會產生正向認同，並在作法上力求增進國家實力、提升國際地位的同時，中國的崛起引來了不僅是正面的評價也有負面的擔憂。

即使中國一再強調和平、和諧、負責任等中國所欲追求的特質，外界似乎仍未完全解除對中國的疑慮，「中國威脅論」在某些

---

[88] Suisheng Zhao, *Chinese Foreign Policy: Pragmatism and Strategic Behavior* (New York: East Gate Book, 2004), pp. 59-60.

[89] 唐永勝，〈中國對聯合國維和機制的參與〉，頁 80、100。

[90] Anna Klingstedt, "UN Peacekeeping Operations: Chinese and Western Perspectives," *Institutt for forsvarsstudier*, November 7, 2007. http://www.mil.no/felles/ifs/start/arrangementer_ifs/seminar_07/article.jhtml?articleID=147464（2008/3/24 查詢）

地區或國家仍有一定的「市場」。中國選擇積極參與維和行動的目的就是為了要以更大的行動作為宣傳工具,破除不利於己的輿論並展現上述的特質。然而我們不得不注意的是,原本為了降低、抑制「中國威脅論」而進行的維和行動,反而到頭來存在助長「中國威脅論」的可能性[91]。2004 年中國派遣防暴隊至海地時,即使美國國務院給予正面評價,但仍引起了不少美國媒體關注,並以中國派兵進入「西半球」、「美國後院」來描述[92]。而中國在非洲大量派遣維和人員進駐,則常被解讀是只為了某些動亂國家的豐厚天然資源,如蘇丹的石油。

因為潛在的形象傳達反效果,中國在參與維和行動的時候顯得更為謹慎,不論是在任務選擇或是人員選派上都很小心。在派遣人員至東帝汶時,中國選擇民事警察而非解放軍,其實就是在避免觸動周邊國家甚至是美國在亞太地區的敏感神經;在提供阿富汗經費上與政治上援助時,中國也未考慮過派遣解放軍參與維和行動,避免讓外界將中國的形象與美軍在當地的出現作連結[93]。海地任務其實也是同樣的狀況,為避免挑起美國的敏感神經,中國只派遣了防暴隊而非解放軍參與維和行動。上述皆再再顯示,中國在願意擔負更多維持國際和平與安全責任的同時,卻也要避免被外界解讀為過於積極,以免助長了「中國威脅論」。

這將會是中國在決定參與維和行動時的一大阻力與限制,是否能夠擺脫這樣的束縛將要視國際社會的輿論而定。2006 年 3 月,中國派遣了解放軍至黎巴嫩參與聯合國駐黎巴嫩臨時部隊(UNIFIL)的決定因為受到國際社會的敦促,尤其是美國與歐盟

[91] Yin HE, *op.cit.*, p. 61.
[92] *Ibid*.
[93] Pang Zhongying, *op.cit.*, p. 98.

的鼓勵，因此得以順利進行，可見中國當前的確對其國際形象相當重視。然而一直強調和平的中國，想必在塑造形象與避免反效果的考量下，短期間應該還不太可能派遣武裝戰鬥部隊的解放軍參與維和行動。

在參加維和行動的過程中，尤其是 2000 年後更為積極的參與，中國面臨了多面向的阻礙。太過積極對國際社會可能引起反效果，破壞了中國所欲塑造的和平、負責形象；太過積極也將消耗太多國家資源於維和領域，進而可能阻礙了中國本身經濟的持續發展；中國對於事先同意原則、不干涉內政原則的堅持，都是目前中國遭遇的限制與困難，也是中國是否持續投入維和行動的觀察指標。

第三節　小結

在前一章描述了中國參與維和行動的情形後，本章承接其後試圖找出可以解釋這些參與情形的原因，同時也讓讀者了解到當前中國面臨的困難與限制。

總結本章前述內容，我們可知中國參與維和行動的原因是多面向的。有中國自身經濟實力提升、壓縮台灣外交空間與中美間競爭等權力層面的原因，有塑造和平國際環境、塑造「負責任大國」形象、增加訓練機會、保護海外投資等利益層面的原因，也有國家身分重新定位以及學習等知識層面的原因。筆者羅列這些原因是認為忽略任何一個因素，都將使中國參與維和行動的解釋無法完整。除此之外詳盡地羅列出這些原因，也可以為下一章中

的總體檢討提供較為全面的說明基礎。至於三項參與維和行動所面臨的阻礙，來源內有資源分配的考量與基本原則的拉扯，外則有過分積極所可能產生的反效果。目前看來，這些因素都無法立即找到解決的方法，因此在一段時間內中國還將繼續面臨兩難的局面，這些因素也都將繼續影響中國參與維和行動的情形。

第五章　中國參與聯合國維和行動之檢討

　　在第二章中筆者分別說明了三個研究途徑，試圖在第三與第四章對於中國參與維和行動以及其所面臨的困難等情況有較為深入的介紹後，而於本章中以前述三個途徑分別套用，分析三個不同途徑對於中國參與維和行動的解釋程度各為何。其實在分別印證的過程中，除了要觀察研究途徑間的解釋力，筆者也正在逐一剔除、過濾包覆在真正解釋原因外的其他因素，試圖使讀者能大略了解中國作成決策時所顧慮到或是受影響的因素。

　　本章中第一節將討論國際建制中三大學派之間，何者對於中國參與維和行動此一現象的解釋力較為足夠，也就是中國的作為較符合三大學派的基礎理論假設中的哪一個，再藉此反推論中國在逐步融入國際建制並參與維和行動之背後動機。第二節筆者將討論維和行動本身性質上的變化是否會對中國的決策造成影響，也就是以本書討論的客體本身而非外在環境的變化來觀察。第三節筆者則是要以中國近年國際戰略決策的過程來看，從思想、計畫、環境評估、戰略目標、戰略手段一脈相承的方式來觀察參與維和是否符合中國內部決策的一貫過程，抑或只是一個偶發的政策產出。最後筆者於第四節中，會將上述內容做一概略的整理，以作為研究途徑上的回顧與對照。

第一節　國際建制理論的解釋

如第二章所述，國際建制理論針對建制形成原因出現了三種不同學派的看法，分別是注重權力的新現實主義、注重利益的新自由制度主義以及注重知識的建構主義。此三者對於國際建制之形成呈現出程度上的差異，也就是三者對國際建制的存在並沒有絕對性有或無的落差，只是在相對程度上有功能強弱之分。筆者將透過檢視中國參與維和行動的原因並分類，期望藉此了解哪一學派的解釋力較為充足，並反推中國參與之動機。

一、新現實主義

現實或新現實主義都強調權力的重要性，認為國家間對權力的追求是國際政治中的「客觀規律」，國家彼此間權力鬥爭的結果必然是連續不斷的衝突和戰爭[1]。新現實主義更認為國際體系所呈現出的一切分布狀態就是國家間權力落差的表現，也就是說國際社會中所有現象，如現實與新現實主義所認為本該具有的國家間競爭關係，或是因為一時的權衡而進行的國家間短暫合作，都是體系裡的一部分且無法分割看待。

如此當要解釋國際建制此一現象時，新現實主義即認為這只是一種國家間短暫合作的現象，只要國家間的相對權力關係出現了變化，很自然地建制將會隨著產生變動且可能消失。畢竟現實主義認為無政府狀態孕育了國家間的衝突與競爭，即使享有共同的利益，合作的意願也會受到無政府狀態的制約，因此現實主義對國際合作

---

[1]　夏建平，**認同與國際合作**（北京：世界知識出版社，2006 年 11 月），頁 96。

一直抱持悲觀的立場[2]。藉此可知新現實主義雖然承認國際建制的存在，卻從未放棄懷疑其存續性；並認為國家間關係仍是競爭大於合作，建制不過是一個權力平衡中心體系（a balance of power-centered system）下持續權力爭奪的次要因素，國家間的互賴關係因此只是國家中心與體系中心面向中的一個少數及依變因素[3]。

　　根據上述並對照中國參與維和行動的情況，可以發現新現實主義的看法無法完整地解釋中國的作為。現階段的國際關係已經不再像過去如此重視權力與傳統安全等高階政治（high politics），低階政治（low politics）中的經濟、能源、環保、宗教、糧食等議題反而隨著全球化加深越顯重要。中國正是在了解到全球議題已產生變動，處理這些議題的方式也逐漸多元的情況下，開啟了一系列多邊方式的對外交往行為；也正因為對於多邊主義的逐漸認同，代表中國相信多邊國際合作之存在[4]，此已與新現實主義對國際合作的懷疑出現了概念上的明顯落差。另外，基於對聯合國以及聯合國安理會下的維和行動如此之重視，並且在 2000 年後大大地加深了其在實際參與面上的投入以及在投票行為上展現的彈性，如此也再次突顯出了中國的行為表現與新現實主義對國際建制無法持續性存在的看法呈現差異。

　　然而必須注意的是，權力因素在中國的考量中並非全然沒有出現。正如前一章中參與維和行動的原因分析所示，採用多邊主

---

[2]　同上註，頁 99-100。

[3]　Thomas W. Robinson, "Interdependence in China's Post-Cold War Foreign Relations," in Samuel S. Kim, ed., *China and the World*(Colorado: Westview Press, 1998), p. 197.

[4]　Leif-Eric Easley, "Multilateralism, not Multipolarity Should Be Goal," *The China Post*, March 29, 2008, p. 4.作者列出了六點中國逐漸由多極體系轉為多邊主義的關鍵理由。

義具有平衡美國權力的潛在效果[5]，也可防止他國聯合起來圍堵中國[6]；提議在安理會討論維和行動時引入人員貢獻國參與決策制定，也是另類的平衡方式。即使這樣的平衡概念在程度上不完全等同於現實主義中的權力平衡[7]，然而筆者認為這已是中國屬於類似新現實主義的考量。在台灣因素上之展現，儘管近年來中國利用維和行動影響當事國改變對台灣外交關係的作為已大幅減少，但本質上明顯表現出兩岸外交角力上的「零和」（zero-sum）特性，當然也就可歸類為新現實主義的考量。

總體來說，新現實主義的看法無法完整解釋為何中國會如此重視聯合國及其下的維和行動，畢竟在根本假設上中國目前朝向多邊主義的作為方式，以及其對國際關係的本質看法已經擺脫了傳統的權力至上概念。因此即使某些方面呈現出與新現實主義相似的原因，筆者仍認為新現實主義對國際建制形成的觀點在套用中國參與維和行動的例子上，其解釋力是不夠完整的。

二、新自由制度主義

新自由制度主義的基本假設同樣贊同無政府狀態的存在，也認識到權力的重要性；但與新現實主義不同的是，前者相信互賴

---

[5] David M. Lampton, "China's Foreign and National Security Policy-Making Process: Is It Changing, and Does It Matter?" in David M. Lampton, ed., *The Making of Chinese Foreign and Security Policy in the Era of Reform*, **1987-2000**(California: Stanford University Press, 2001), p. 29.

[6] Marc Lanteigne, *China and International Institutions: Alternate paths to global power*(New York: Routledge, 2005), p. 26.

[7] Jianwei Wang, "China's Multilateral Diplomacy in the New Millennium," in Yong Deng and Fei-Ling Wang, eds., *China Rising: Power and Motivation in Chinese Foreign Policy*(Maryland: Rowman & Littlefield Publishing, 2005), p. 163.

現象的存在且組成了大部分國內與國際行為[8]，權力追逐不是國家的唯一目標，因此國家間的關係是存有合作可能的，且是合作的機率大於競爭。在國際關係議題上，新自由制度主義注重低階政治甚於高階政治。

在與國際建制有關的觀點上，新自由制度主義雖然也認為國家是理性的行為者，但卻強調了絕對利益與合作的概念，新自由制度主義認為國際建制能夠發揮幫助國家實現共同利益的功能，且可以協調國家間的行為以降低資訊的模糊及不確定性並減少互動成本，確立穩定可靠的預期以促進合作與共同問題的解決。國際建制同時也是國家間互賴關係制度化的表現，即使大部分國家免不了持有以最小代價實現自身利益的想法，但是經過多次、重複的合作後，國家間的信任形成，長遠利益取代了短期背叛對方以獲取利益[9]。再者，新自由制度主義認為國際合作大於國際競爭，因此其自然地認為只要國家間能夠持續藉由國際建制獲得利益，建制本身沒有不形成的道理，即使因為成員間的相對權力關係出現變化，也不會影響到國際建制的存續。

筆者認為對照中國參與國際社會以及維和行動的情況，新自由制度主義如上述的看法較能完整地解釋中國的作為。由中國近年的對外政策調整中可發現，與過去追求與西方國家對抗、衝撞相反，中國的政策較過往已務實許多，其已認識到融入國際的重要性。具體來說，毛澤東時期的意識形態對抗，在鄧小平時期已經轉向國家利益上的追求，只是當時還未提及向世界的承諾與貢獻等問題；直到江澤民後中國更在乎於國際中的位置和作用，也更在乎國際上對

---

[8] Thomas W. Robinson, *op.cit.*, p. 197.

[9] 夏建平，前揭書，頁 102。

中國的各種評價。簡單來說，中國從「革命造反」到「建設優先」再轉為「責任不可迴避」[10]，中國的對外政策展現出越來越明顯的務實精神，不論是實質的經濟、能源、安全利益或是非實質的國際形象[11]、聲譽[12]等，對當今的中國來說都已是其所欲保護與追求的國家利益。由於首要在於累積國家綜合實力，鄧後的中國更加注重物質實力的取得，全球互賴的現象正好給予了中國提升實力的機會[13]，可以藉此獲得龐大利益符合建設國家的目標，此部份與新自由制度主義的看法相呼應。實事求是、國家利益至上的原則逐漸在中國決策過程中確立，中國決定更積極地參與國際事務、發展著重相互協調方式解決爭議的「新安全觀」[14]，參與國際建制自然成為了在這些原則下所不可或缺的行動。其主要的特點展現如：全面而充分的參與，力爭更大的發言權；比過去更主動地加入地區性的國際組織與建制，對多邊建制的態度產生了變化；策略上保持漸進務實特徵，認知全球化是一把雙面刃，要趨利避害[15]。

---

[10] 王逸舟，**全球政治與中國外交**（北京：世界知識出版社，2003 年 12 月），頁 249。

[11] 良好的國家形象作為軟權力可以提升國際地位、改善外交環境、增強國家的對外交往能力，以及在國際上的發言權和影響力，促成政治目標的實現。韓源等著，**全球化與中國大戰略**（北京：中國社會科學出版社，2005 年 12 月），頁 256。

[12] 聲譽的好壞會直接決定該國在以後國際合作中達成國際協議的能力，從而對合作收益的獲得產生影響。良好的聲譽有助於在未來的互惠合作中建立起其他國家對該國的信任，使該國獲得較高的遵守紀錄評價，減少該國達成多邊國際協議的交易成本。劉宏松，〈聲譽、責任與公正：中國多邊外交的三種需求〉，**國際觀察**，2004 年第 4 期，頁 26；類似的論述請參閱 Robert Keohane, *After Hegemony*(Princeton: Princeton University Press, 1984), p. 116.

[13] 張登及，**建構中國：不確定世界中的大國定位與大國外交**（台北：揚智文化股份有限公司，2003 年），頁 147。

[14] 王逸舟，前揭書，頁 247。

[15] 同上註，頁 247-248。

　　中國改變態度一再強調聯合國的重要性，其實就是近年來如上述所作改變的例證之一。在維持聯合國安理會對於國際和平與安全議題的權威性與獨占性上，中國可藉此捍衛傳統主權觀念、保衛中國「體系大國」的地位、利益和特權[16]。即使其中會有不公正與不合理的成分，且參與這些國際建制會受到一定程度的束縛與制約，但如不參加就可能會被國際社會邊緣化，此當然不符合中國的利益。因此選擇發揮所謂積極的和建設性的作用參與其中並進行改造，進而期望在聯合國制度下塑造一個有利於中國持續發展的國際秩序與環境[17]。參與維和行動同樣是中國實踐其國家利益的另一例證，尤其是 2000 年後至今的積極投入一方面展現出對於聯合國在安全議題上主導性的具體支持，另一方面則是藉由實際作出貢獻贏得「負責任大國」的正面形象。另外參與維和有助於增加解放軍的實戰經驗以及警察處理群眾事件的經驗，也可以保護中國海外利益，如僑民安全、預防維和區域「排華事件」發生、維護經濟權益、確保海外中國企業與公司的安全發展環境、保障能源及海路暢通等。

　　總體來說，對照中國作為與新自由制度主義的看法，一來中國對於聯合國及安理會的態度正面且越趨積極，符合新自由制度主義對國際合作以及國際建制存續性的看法；二來中國積極參與維和行動，實際面可以增加人員訓練機會與維護海外利益，抽象面可以拓展國際合作經驗並展現良好國際形象，也符合新自由制度主義對於國家追求利益而非權力的看法。因此在解釋力上，新自由制度主義較新現實主義還來的完整。

---

[16] 張登及，〈冷戰後中共參與國際組織的歷程：一個概觀〉，**中國事務**，第 9 期，2002 年 7 月，頁 95。
[17] 陳佩堯、夏立平主編，**國際戰略縱橫第一輯**（北京：時事出版社，2005 年 9 月），頁 105。

三、建構主義

　　建構主義不贊成國際關係主流理論關於人性和行為的概念，認為國際關係是一種社會性的建構，其強調經由國家間相互主觀的認知建構起國家利益與認同，從而決定了國家的對外行為，這是一種社會化的過程[18]。建構主義同時強調國際關係的含意在變化之中，各種解釋與變化都有探究的價值，認為文化、認同、規範等因素在調整國家關係以及利益方面的重要作用。

　　對於國際合作與國際建制的看法上，建構主義認為行為體間的一些共同價值理念是認同後的結果，認同為國際建制創造了一個深厚的社會基礎，使其在內部的廣泛合作成為可能[19]。建制的框架確立後，國家行為受到制度的規範，具有合法性的建制使其所代表的價值觀念與規範不斷內化，使國家對建制的遵守出於自願。且在這樣內化的過程，各國間也無形地增加了身分上的同一感，國家間的穩定合作變得可以預期。建構主義認為這樣因為認同而發出的合作關係，比因為權力體系而形成或是因為利益結合而形成的關係來的緊密且持久[20]。在國際建制的看法上，建構主義相較下是三者中對國際建制的存續最為肯定的，因為強調國家間行為的主觀性，所以其認為一旦國際建制成立，就會對國家行為構成制約[21]。建構主義也強調國際組織與建制對參與國家的社會化具有重要作用，一旦參與，必然在與其他國家磨合互動過程中探索及再界定自己，以及和

---

[18] Alastair Iain Johnston, "International Structures and Chinese Foreign Policy," in Samuel S. Kim, ed., ***China and the World*** (Colorado: Westview Press, 1998), p. 69.

[19] 夏建平，前揭書，頁 135。

[20] 同上註。

[21] 門洪華，**建構中國大戰略的框架：國家實力、戰略觀念與國際制度**（北京：北京大學出版社，2005 年 2 月），頁 220。

其他國家間的相互利益[22]。此外，知識社群也是影響合作達成與國際建制形成的重要原因，其可扮演領航者的角色，針對問題的因果關係以及解決的方法，若知識社群間有一定共識的話即可成為國家間互相學習的主要平台[23]。

具體而言，我們可以發現自毛澤東經歷鄧小平、江澤民以至今，中國的國際戰略思想、計畫、參與國際建制以及參與聯合國的過程出時間上的階段性且相互吻合（如表 7 所示）。以建構主義的觀點來看中國對外政策這樣的變化，就是中國國家身分重新定位的明顯例證[24]。在改革開放時期，免不了中國以一種是否符合自身利益的計算方式來衡量融入國際社會的得失、進行國際合作、參與國際建制，然而近年來中國更加積極地投入國際事務，由一個過去的體系挑戰者轉變為現今的體系維護者，由一個過去堅守傳統主權中心、自主的大國特性轉變為現今注重國際形象的「負責任大國」[25]，這樣的轉變突顯出中國展現更多的意願，將自身的利益與世界體系的穩定界定在一起[26]。同樣的在維和行動

---

[22] Abram Chayes and Antonia Handler Chayes, *The New Sovereignty: Compliance with International Regulatory Agreements*(Cambridge: Harvard University Press, 1995), pp. 1-33.

[23] Andreas Hasenclever, Peter Mayer and Volker Rittberger, *Theories of International Regimes*(Cambridge: Cambridge University Press, 1997), pp. 139、149.

[24] 秦亞青，〈國家身分、戰略文化和安全利益：關於中國與國際社會關係的三個假設〉，<u>世界經濟與政治</u>，2003 年第 1 期，頁 10-15；李寶俊、徐正源，〈冷戰後中國負責任大國身份的建構〉，<u>教學與研究</u>，2006 年第 1 期，頁 49-56。

[25] 阿拉斯泰爾·伊恩·約翰斯頓（Alastair Iain Johnston）、羅伯特·羅斯（Robert Ross）主編，<u>與中國接觸：應對一個崛起的大國</u>（北京：新華出版社，2001 年 5 月），頁 324。

[26] Chen Zhimin, "Nationalism, Internationalism and Chinese Foreign Policy," *Journal of Contemporary China*, v. 14, n. 42, February 2005, p. 47. 作者同時

表 7　中國國際戰略思想和計畫與參與國際建制和聯合國的對照

	思想	計畫	參與國際建制	參與聯合國
1950 年代	戰爭與革命	與蘇聯結盟的「一邊倒」戰略	相對孤立	中國對聯合國的不滿、批評、譴責態度明顯（還未加入聯合國）
1960 年代		「反帝反修」的對抗戰略		
1970 年代		聯美抗蘇的「一條線」戰略及劃分三個世界的戰略	消極參與	中國與聯合國的接觸日趨活躍
1980 年代	和平與發展	「獨立自主與不結盟」戰略	部分參與	
1990 年代及之後	和平、發展與合作	「新安全」戰略	全面參與	中國與聯合國步入深層次互動階段，各項事務全面展開

製表：李俊毅 2008/4/25

的參與方面，對照第四章分析之結果，中國對國家身分重新定位與學習是原因之一。換句話說，國際戰略的思想與計畫隨著世界局勢變遷及自身的認知變化轉變的同時，由上而下地引導了中國參與維和行動的政策與作為一起做了改變，維和行動的積極參與也就成為了印證建構主義論述的最佳例子之一。

　　總體來看中國近年來改變對主權概念的認知變化，並消除了對多邊制度的戒心而參與了更多的維和行動，一般認為國家的重新自我定位，以及國際間施予影響而使中國透過學習改變認知是不可忽視的因素之一[27]。尤其在 1980 年到 2000 年間中國對於安全制度採

　　提到中國重新界定務實取向的外交政策後，既有的民族主義並未消退，而是轉變為正面的民族主義（positive nationalism），這種正面的民族主義是較溫和與保守的，並著重在國際的穩定與和平上。

[27] Samuel S. Kim, "China's International Organizational Behaviour," in Thomas W. Robinson and David Shambaugh, eds., *Chinese Foreign Policy: Theory & Practice*(Oxford: Oxford University Press, 1994), pp. 432-434.

取了更為合作的姿態且承擔了潛在可能自我限制的承諾，這些行動大多在單極體系下形成，當時也未面臨邊際成本或是制裁，且這些承諾都是由過去一直信仰現實主義的領導人作成的。因此這現象就無法以新現實或是新自由制度主義解釋，而且為了得到更精確的解釋，我們必須要審視是否安全制度本身存在鼓勵模仿（mimicking）、社會影響（social influence）以及說服（persuasion）的因素[28]。

然而更需要被探討的是，中國是以怎樣的心態作出這樣的變化？是真正將其信仰與價值做根本性的改變，或只是前述兩者仍舊如過去而單就政策做出調整？簡單的說，是改變（change）或只是調適（adaption）[29]？國內學者林文程認為中國對維和行動的支持是選擇性的，雖然近年的參與轉趨積極，但仍是從是否符合國家利益的外交原則上來考慮[30]。Samuel S. Kim 認為中國的意圖與作為只是一種以小求大的行為方式，為的是獲取利益的最大化並降低付出的成本[31]，他並認為這些政策上的調整都應視為是一種適應性、工具性學習而非認識性、規範性的學習[32]。江憶恩同樣指出在軍備控制方面，中國只是在調適而非真正改變[33]。多數中國學者則認為中國正進入適應性學習（adaptive learning）的階段，但還缺少了認識性

---

[28] Alastair Iain Johnston, *Social States: China in International Institutions, 1980-2000*(New Jersey: Princeton University Press, 2008), p. 197.

[29] Elizabeth Economy, "The Impact of International Regimes on Chinese Foreign Policy-Making: Broadening Perspectives and Policies...But Only to a Point," in David M. Lampton, ed., *The Making of Chinese Foreign and Security Policy in the Era of Reform, 1987-2000*(California: Stanford University Press, 2001), p. 240.

[30] 林文程，〈中共對聯合國維持和平行動之參與〉，**兩岸與國際事務季刊**，第1卷第1期，2004年1月，頁22-25。

[31] 伊麗莎白·埃克諾米（Elizabeth Economy）、米歇爾·奧克森伯格（Michel Oksenberg）主編，**中國參與世界**（北京：新華出版社，2000年），頁81。

[32] 同上註，頁84。

[33] Elizabeth Economy, *op.cit.*

學習的動力[34]，這樣的意見得到了 Bates Gill、Thomas G. Moore、Dixia Yang、Margaret Pearson 的呼應，認為中國因為由體系中得到極大利益而在無形中受到制約，當制約越強烈，選擇退出的成本就越大。因此原本策略上的適應（tactical adaption）會漸漸轉為學習，也就是朝永久改變（permanent change）進行，因此適應性學習是目前最恰當的表達概念[35]。

畢竟上述的看法皆不是特別針對中國在維和行動的表現作結論，因此也只能作為參考。筆者個人以為，單就實際參與數字上的變化以及投票行為上的結果，中國的作為已經呈現出與過去相較下極大的變化；然而如果將背後的原因與限制抽絲剝繭來衡量，還是牽涉到複雜的利益與權力考量。因此筆者認為中國在面臨這些因素時，現階段仍舊是以調適的方式以求獲得相關的利益與權力，因此要說中國已經完全的改變其立場是過於勉強的。

上述三種不同學派的看法在某些方面都有其解釋力，但是在程度上與全面性上出現了差異（如表 8 所示）。新現實主義在維和行動這個例子上，即使部分原因相符，但仍是較無法提供完整解釋的一部分。建構主義在當前情況下得到顯著的印證，然而目前卻無法非常清楚地了解中國真正改變的態度；即使在維和行動這個例子上的解釋力足夠，但要以建構主義觀察往後的政策作為，想必還須經過一段時間的發酵。相較之下，筆者認為新自由制度主義的解釋力就較具有說服力，一方面在國際建制存續上處於前

---

[34] 唐永勝，〈中國對聯合國維和機制的參與〉；王逸舟主編，**磨合中的建構：中國與國際組織關係的多視角透視**（北京：中國發展出版社，2003 年 3 月），頁 80。

[35] David M. Lampton, "China's Foreign and National Security Policy-Making Process: Is It Changing, and Does It Matter?" in David M. Lampton, ed., *op.cit.*, p. 35.

表 8　國際建制理論三大學派的解釋力

	可解釋的原因	具體內容
新現實主義	1. 自身經濟實力上升 2. 與美國分庭抗禮 3. 事涉台灣	具有部分相關解釋力，但對國際建制與國際合作的消極看法已無法完整解釋現今中國的作為。
新自由制度主義	1. 融入國際建制 2. 增加訓練機會 3. 保護海外利益	屬於新現實與建構主義的折衷。不高估也不忽略權力因素，同時以理性、得失評估的標準解釋國際建制與國際合作現象。筆者認為釋本案例中最具解釋力之理論。
建構主義	1. 塑造「負責任」大國形象 2. 國家身分重新定位與學習 3. 越來越多相關討論採用	同樣具有部分相關解釋力，但對國際建制的存續及國際合作太樂觀，並且無法切確的說明中國內化態度與程度。

製表：李俊毅 2008/5/21

述兩者之間，不刻意貶低權力因素卻也不忽略國際合作的存在現實；另一方面在維和行動上，的確在大多數的原因分析下中國是出於自身利益衡量後而加深了參與程度，比如國際形象、海外利益、增加訓練機會等，因此三者間新自由制度主義是較突出的。

第二節　維和行動本身的質變

聯合國維和行動自冷戰時期開始至今已將近一甲子，經過了好幾個階段的發展後，其面貌和內涵已與最原始的維和行動差別甚大。這樣的差異性是否是另一種解釋中國 2000 年後改變態度的原因？除了第一節中提到的以理論面來分析，中國實際上所遭受到的外部因素影響[36]亦是筆者欲分析的重點。

---

[36] 這裡的外部因素是指維和行動本身的質變。相較內部的國際戰略考量過

冷戰時期因為要避免情勢加速升高而危及並擴大成強權間的衝突，維和行動起先所奉為圭臬的三項原則即事先同意原則、中立原則、非武力原則[37]，受到非常嚴格的檢視與遵守。後冷戰時期則為了因應以國內戰爭和國內武裝衝突的特性，維和行動除了傳統觀察團與維和部隊外，已經逐漸擴大任務範圍至國內衝突與戰爭，進行人道救援與全面重建等層面的工作，其最大特點在於透過多面向的行動與措施，達成各項複雜維和任務與使命。後冷戰時期維和行動的變化主要是介入國家內部衝突與內戰、增加人道救援與全面重建的工作、安理會越來越純熟與複雜地交替運用憲章第七章強制和平之功能，以維護國際和平與安全、維和行動開始與區域組織或非政府組織進行合作等[38]。

除了時間上的階段性變化外，維和行動也呈現出本身性質上的擴張。由最原始、部署在國家間的「傳統維和行動」，到開始部署在國家內、任務較廣的「過渡管理」、又到任務擴張至人道救援行動的「較廣的維和行動」，而後進入授權使用武力的「強制和平」，最終則是任務包含了上述的過渡管理、較廣的維和行動以及強制和平以收綜合之效的「支援和平行動」[39]。可以發現，這樣的變化已經對處理國際間和平與安全方面造成了不小影響，比如說對傳統的國家主權原則造成挑戰、將國際和平與安全的概念擴張、聯合國的角色由傳統預防外交轉為全面重建、維和行動與強

程，筆者將此列為外部因素。

[37] 楊永明，**國際安全與國際法**（台北：元照出版社，2003 年），頁 211-214。

[38] 同上註，頁 235-238。

[39] Stefan Staehle, "China's Participation in the United Nations Peacekeeping Regime," **Master Thesis of The Elliott School of International Affairs of The George Washington University**, May 2006, pp. 16-18.

制和平交相運用等，都是維和行動質變之後幾個受到矚目的議
題。在進一步參與維和行動之際，勢必面臨由維和行動本身變化
所帶來這些影響的挑戰，這對越來越重視聯合國及安理會地位的
中國來說，是個必須進行磨合的議題。

　　傳統上中國通常不願意干涉地理位置上在戰略核心地區以外
的國家，並且同時堅定地反對在領土上或政治上對於中國整體主權
的侵犯[40]，在經歷過歷史上清朝末年那段中國人所認為的屈辱後，
中國更是極力反對國際強權對弱者使用武力進行內政上的干預。加
上中國傳統上較注重道德、公正的秩序觀與西方世界的主權觀和秩
序觀念相差甚大，近代的中國反而轉變成西發利亞原則、嚴格國家
主權的擁護者。由於這些傳統上的因素，導致了維和行動的質變同
樣對中國造成了主權原則、不使用武力以及事先同意原則模糊化的
挑戰。綜觀歷年來的投票行為，直到1999年9月前中國一直保持
比較保守的態度，那段時期裡除了索馬利亞問題之外，中國持續
反對維和行動以人道救援為理由進行內政的干涉，當然更反對動
輒以聯合國憲章第七章為基礎在維和行動中使用武力執行任務，
因此也只有在柬埔寨與莫三比克兩個傳統維和行動任務中，中國
的態度比較積極。自1999年後的東帝汶問題開始，中國過去對於
維和行動的種種意見突然減少了許多，除了2004及2006年蘇丹
問題因為事先同意原則、2007年緬甸問題因為干涉內政外，中國
對於這時期的維和行動都表贊同[41]。

　　仔細分析當中的差異，可以發現中國對於1999年9月之前維
和行動的反對主要在於當時的維和行動性質仍屬於強制和平，而之

---

[40] Bates Gill, *Rising Star: China's New Security Diplomacy*(Washington D.C.:
The Brookings Institution Press, 2007), p. 105.

[41] 請參閱附錄三「中國投票行為的態度轉變」。

後的維和行動已經轉變為帶有人道救援、舉行民主選舉、監督政治體制轉變與國家建立等特徵的支援和平行動[42]。中國學者趙磊也觀察到了這樣的變化，他將中國至 2006 年 8 月為止所參與的維和任務性質分類比較後，得出的結論是中國政府更傾向於參與綜合性維和行動[43]，因為在十六項參與的任務中就有八項是屬於此類[44]。綜合性維和行動把停火與政治解決密切結合起來，對於解決一個國家的內亂、維護地區穩定能夠發揮重要作用，這與中國所主張的「維和行動應重在發揮政治優勢和綜合功能，避免片面強調軍事職能。只有這樣，維和行動才有利於駐在國和地區的長治久安，贏得廣泛支持並獲得成功[45]」相符合，也因此成為中國較能接受的維和行動類型[46]。在實際參與數字的呈現上，自 2002 年起中國各年參與總人數一直是維持正向成長，成長率在 2003 與 2004 兩年度皆達三位數，2005 年總人數首度突破一千人。另外中國也在 2000 年後投入許多心血證明其對維和行動的支持，例如擴大培訓、參與待命安排制度、積極地對維和行動的改革提出建議、加強與國際間的交流以及承擔更多維和行動的經費等，因此筆者認為維和行動的質變驅動中國態度的轉變這樣的說法是具有一定解釋力的。

　　自 1981 年以來，北京即未曾再以意識形態或是反霸的理由完全杯葛維和行動，取而代之的是中國在任務授權與執行原則上有

---

[42] Owen A. Hartley and Rachel E. Utley, "Introduction," in Rachel E. Utley, ed., *Major Power and Peacekeeping: Perspectives, Priorities and the Challenges of Military Intervention*(Burlington: Ashgate Publishing, 2006), pp. 3-4.

[43] 其內涵與支援和平行動相同，只是在名詞界定上有些許出入。

[44] 趙磊，**建構和平：中國對聯合國外交行為的演進**（北京：九州出版社，2007年9月），頁 217。

[45] 中國常駐聯合國代表團，**張義山大使在聯大維和行動特別委員會 2006 年例會上的發言**，2006 年 2 月 7 日。
http://www.china-un.org/chn/zgylhg/zzyaq/whxd/t237290.htm（2008/3/26 查詢）

[46] 趙磊，前揭書。

更多的堅持[47]，強制和平與非武力原則相牴觸而遭到中國非議，以維和之名介入他國內政也同樣引起中國撻閥。即使自 1993 年就接受了維和人員得在遭受立即危險情況下使用武力[48]，並於 1995 年同意區域性組織執行必要的強制和平行動[49]。但一直是到 1999 年 9 月後，國際安全客觀情勢的改變連帶維和行動的質變，使得維和行動朝向更多樣、更全方位的方向演變後，才使得中國有更大的改變，無法選擇如過去只站在批評與堅守原則的立場，而是必須配合任務範圍的擴大一起參與。畢竟演變為支援和平類型後的維和行動的確在實質上有其一定的功效，中國必須選擇參與才能符合所期望建立的所謂「負責任大國」形象。據美國學者 Bates Gill 所述，中國在 1999 年的東帝汶問題與 2001 年阿富汗問題上，已經提前介入相關議題的協商，而這也成為了後續維和行動任務形成的根源[50]，換句話說中國在當中的扮演角色是正面的。至 2003 年後，透過實踐發現支援和平行動在特定案例中是必要的，這也更說服了中國領導階層對這樣情況的接受[51]。即使未曾公開承認，但北京顯然已了解傳統維和行動在現今這樣複雜多變的現實環境下無法繼續適用[52]。

　　然而誠如筆者於第四章所述，當前中國面臨的參與限制之一，就是自身對於一些傳統原則的拉扯與表現出的顧慮。即使維和行動的質變作為中國態度轉變解釋原因是十分充足的，但要認

---

[47] Gray D. Rawnsley, "May You Live in Interesting Times: China, Japan and Peacekeeping," in Rachel E. Utley, ed., *op.cit.*, p. 86.

[48] 聯合國安理會決議 S/RES/836（1993）

[49] 此指的是在波士尼亞-赫茲哥維那問題上，授權歐洲國家依據憲章第七章組成多國部隊。聯合國安理會決議 S/RES/1031（1995）

[50] Bates Gill, *op.cit.*, p. 201.

[51] Stefan Staehle, *op.cit.*, p. 87.

[52] *Ibid.*, p. 86.

為這就代表中國已經有了根本上的心態變化，似乎還是言之過早。從整體的投票行為上可以發現，雖然已對傳統的國家主權界定展現了一定彈性，逐漸在調適國際和平與安全概念上擴張所隨之而來的干涉行為，也對於支援和平行動中武力使用不再反對。但是關於必須由安理會授權、事先同意原則，以及由於地緣上考量而反對干涉緬甸內政等事實證明，在逐漸接納新型態維和行動的同時，中國對於可能危害其國家利益的改變仍是選擇將其拒於十萬八千里之外。因此總結來說，由於維和行動的質變是中國能接受的，推論其持續參與維和行動是可被預期的；但同時因為傳統原則與利益上的考量，中國對於特定議題相信還是會呈現謹慎保守的狀態，要看到中國在短期內放棄這些原則基本上是不太可能的。

第三節　中國國際戰略的解釋

前述兩節中筆者以國際建制理論及維和行動本身的質變，來解釋中國參與維和行動上態度轉變的原因。前者主要探究中國在參與維和行動背後的考量因素，後者則試圖找出中國因外力之影響而轉變的證據，至於內部的決策過程就是本節中筆者將討論的。即使中國內部的政策形成不公開且外界不易得知，況且內部的政策形成不可能完全不受外力影響，但筆者為求解釋性的完整，仍決定以國際戰略做切入來討論中國在維和行動上的態度轉變原因。

冷戰時期至今，國際情勢變化一直是影響中國制定其國際戰略的重要因素，因此要了解維和行動是否係國際戰略之產出項，則必須要先從背景環境、戰略思想及戰略計畫著手。經過了幾次的修正

之後，中國的國際戰略越來越趨向於服務國家總體利益目標，並且是立足在更為實際與色彩中立的情況下去判斷國家利益取向。1950 至 1960 年代意識形態的左右將中國帶向災難，1970 年代中國開始正視國際現實，1980 年代強調對內發展且「冷靜觀察、穩住陣腳、沉著應付、韜光養晦、有所作為、決不當頭」成為國策，對國際環境的判斷已漸趨於理性。1990 年代則隨著全球快速的資訊化帶領著經濟的全球化，中國理解強大的外部力量正在侵蝕並重塑既有的國際秩序與格局，為了保持內部經濟發展，中國延續和平、發展與合作的方向。思想的延革影響國際戰略計畫的制定，從過去的與強權結盟到不結盟的獨立自主外交政策，再到現今強調合作的「新安全觀」[53]，在國家間經濟相互依存、和平與發展趨勢，加上其他國家的鼓勵情況下[54]，中國體驗到除了自身之發展外其國際責任也在增加中。以下將就當前中國國際戰略的幾個不同面向來逐一檢視，以判斷參與維和行動是否屬於中國國際戰略：

一、以目標作為檢視基礎

當前的中國國際戰略目標及其與維和行動之關係如下：[55]

---

[53] 李少軍，〈新中國對外戰略的演變歷程〉；李少軍主編，**國際戰略報告：理論體系、現實挑戰與中國的選擇**（北京：中國社會科學出版社，2004 年），頁 563-611。

[54] 陳佩堯、夏立平主編，前揭書，頁 116。

[55] 塑造國際新秩序是為了有利於中國往後發展，此當然屬於國家利益。兩者在此分別討論的原因乃是筆者認為，第一部分以參與多邊外交服務國家國際利益，在中國的例子中是帶有半強迫意味的，此正好與參與維和行動中 2000 年之前的情況相呼應；第二部分塑造國際新秩序則是帶有主動積極的意味，正好與 2000 年之後的情況相呼應。為免造成讀者混淆，特此說明。

（一）需服務國家之國際利益

中國逐漸認識到在全球化和相互依存的新時代，國家利益要得到真正的維護需要「依託」各種形式的國際建制。雖然對正處於發展狀態的中國來說，融入國際社會的進程應保持必要的警惕心理，對一些西方大國的單邊政策應採取謹慎態度，但也要了解參與國際建制能帶來巨大的收益。在國際建制底下進行國家利益的合理擴張，不僅是對中國本身也是在促進全球利益，各國對於合作利益的維護已經成為一國國家利益所應具備的[56]；同時透過參與國際建制及與多數國家共享的合作共識，中國也可發展多邊主義形式的外交[57]。

雖然國家利益與國際利益時而矛盾時而統一[58]，但在全球化局勢下統一的比例已越來越高；以此為基礎中國無法選擇僅止於消極參與國際建制，而是反之把廣泛參與國際建制視為現代化的前提和途徑[59]。因為世界局勢的變化轉變了中國對於國家利益的看法與界定，而在新的國家利益目標界定下中國決定以積極參與國際事務、加強國際合作等方式維護其利益，可以說是明顯的「外→內→外」政策形成過程。

對於如何積極參與國際事務，如何透過國際建制強化國家利益，當然在其中還有許多細節，畢竟這關係到不同面向的事務及輕重緩急之順序[60]，但中國參與維和行動毫無疑問的是屬於此類

---

[56] 康紹邦、宮力著，**國際戰略新論**（北京：解放軍出版社，2006 年 8 月），頁 36。

[57] 同上註，頁 37。

[58] 同上註，頁 69。

[59] 同上註，頁 333。

[60] Thomas Christensen, "Fostering Stability or Creating a Monster? The Rise of China and US Policy toward East Asia," **International Security**, v. 31, n. 1, Summer 2006, pp. 117-118.

之一。參與維和行動可以提升中國的國家利益與國際利益，也符合積極參與國際事務、加強國際合作的目標，不論在實質或是形象上對中國都具有不小的正面意義，自然可以被認定是當前中國國際戰略的產出項。

（二）塑造國際新秩序

隨著中國在改革開放後漸漸融入國際，塑造國際秩序成為中國的國際戰略目標之一，冷戰結束後這樣的情況未減反增。當前塑造國際新秩序的目標在於促進國際關係民主化、維護和尊重世界的多樣性、樹立互信互利平等和協作的新安全觀、促進全球經濟均衡發展、尊重和發揮聯合國及安理會的重要作用[61]。可以發現中國所欲追求的國際新秩序，是希望能擺脫傳統西方國家對於權力因素過於重視的成痾，而以多樣化成員間及合作關係代替，因此中國改變過去的態度，轉向支持多邊主義[62]。在安全方面，中國體認到多邊主義不是在損害他國安全利益的前提下對自身國家利益的盲目追求，而是強調維護行為體之間的共同安全利益以及維護整體安全利益的責任[63]。

多邊主義係在強調國家間以共同利益為優先的協商、合作關係，擁抱多邊主義先是因經濟上互賴關係的加強以及全球事務增多所致，然而開始在安全議題上講求多邊合作卻是中國的一大突破[64]。除了許多與安全相關的國際建制如軍備控制、地區安全論

---

[61] 〈胡錦濤在俄演講　闡述國際政治經濟新秩序五主張〉，**華夏經緯網**，2003年8月7日。

　　http://big5.huaxia.com/zt/2003-13/150165.html（2008/3/3 號查詢）

[62] Jianwei Wang, *op.cit.*, pp. 159-160.

[63] 門洪華，前揭書，頁 203。

[64] Thomas G. Moore and Dixia Yang, "Empowered and Restrained: Chinese Foreign

壇等，參與維和行動並展現更多的熱忱與投入同樣證明中國了解
到其國際責任。強調聯合國的重要性、展現對安理會改革的動力、
建議維和行動的磋商應該納入更多人員貢獻國的意見等，都是這
方面的積極表現。如上所述，改變過去對於安全議題及其在國際
建制、多邊主義中的態度，開始以此為媒介維持穩定的國際環境
以利其自身發展，中國在更多面向上展示「負責任大國」的形象，
可作為抵擋「中國威脅論」的有效方式[65]，也可證明有能力追求
其所視為理想的國際秩序。

二、以手段作為檢視基礎

在第二章中所提到的中國實現國際利益的手段共有四個，分別
為韜光養晦有所作為、新安全觀、建構和諧外交、融入國際社會。
然而因為「新安全觀」等於是多邊主義的重複，融入國際社會也在
服務國家國際利益中已有提及，故此兩部份將不再重複。

（一）韜光養晦，有所作為

如前所述，中國逐漸了解到其已無法繼續以消極的態度面對
國際上的要求[66]，不能繼續在國際事務上無所作為[67]，而應該是有
所為、有所不為，並量力而行[68]。中國學者一般認為韜光養晦與

Policy in the Age of Economic Interdependence," in David M. Lampton, ed., *op.cit*., p. 226.

[65] Avery Goldstein, *Rising to the Challenge: China's Grand Strategy and International Security*(California: Stanford University Press, 2005), pp. 120、124.

[66] 王逸舟，前揭書，頁 249。

[67] 宮力、劉德喜、劉建飛、王紅續著，和平為上：中國對外戰略的歷史與現實（北京：九州出版社，2007 年 3 月），頁 259。

[68] 康紹邦、宮力，前揭書，頁 351。

有所作為兩者之間並不矛盾，是中國外交戰略相輔相成的兩個面；既要堅持韜光養晦的方針而先把自己的事情辦好，同時能作為、該作為的事情一定要有所作為。具體來說就是對於與自己利益密切相關的國際事務，就應該採取更主動的方式積極介入，使局勢發展對中國有利[69]。

以此一觀點來看，參與維和行動正是有所作為的具體表現。和中國自身利益有直接相關而參與的任務如：1992 年的柬埔寨任務、與東帝汶有關的數個任務，中國積極、主動的投下贊成票且投入人員物資，代表了中國對於周邊環境穩定的重視。與中國在地緣上無直接利益相關的任務以中東、巴爾幹半島幾個任務為主，但是中國仍顧及國際形象與對不穩定情勢擴散的憂心而不阻撓或同意授權，並投入參與如中東停戰監督組織、聯合國科索沃臨時行政當局特派團等任務。由此可知，即使中國了解國內發展仍是當前最優先的施政重點，需有所作為時的主動在參與維和行動上可得到相當程度的印證。筆者認為依據此一原則，除非中國自身的施政優先順序出現極大的變化，有所作為仍將會是有效的解釋依據。

（二）建構和諧外交

由第二章中所述，不論是和諧社會、和諧亞洲或是和諧世界的提倡，其最終目的都是在向世界各國傳達中國注重和平、講求和諧的理念，這無非是要駁斥新現實主義所認為崛起強權會對現有霸權形成挑戰，且霸權戰爭不可免的論述[70]。其中所謂的和諧與和平的

---

[69] 陳佩堯、夏立平主編，**新世紀機遇期與中國國際戰略**（北京：時事出版社，2004 年 9 月），頁 108-109。

[70] Robert Gilpin, ***War and Change in World Politics***(New York: Cambridge Press, 1981), p. 7.

概念皆是由古代中國政治哲學所衍伸出來的,尤其是近來中國所突顯的儒學復興方面。儒學在此大體上又可分為三方面來說明[71]:

1. 仁愛

孔子明確的以「仁」為核心,堅持「己欲立而立人、己欲達而達人」、「己所不欲勿施於人」的「忠恕」之道,一切皆尊重人、愛護人。並以「忠恕」之道為準則實現人與人「和」,以「天人合一」、「親親而仁民,仁民而愛物」為指導實現人與自然的「和」以及世界大同的「和諧」之路。

2. 以和為貴

中國一向主張「以和為貴」,同時遵奉「和而不同」,追求建立一個人人平等的「大同社會」。儒家的思維一向注重自修、內省、內斂,因此中國處理國際關係的方式是通過道義和文化去感化,而非通過說教與武力去改造[72]。同時孔子也主張「和合」的精神,如:「遠人不服,則修文德以來之;既來之,則安之。」[73]

3. 道

中國文化政治思想一向提倡「以德化人」的王道而非「以力服人」的霸道[74]。以荀子為首所開創的務實王道外交思想融匯了法家與儒家的思想,既強調國家要有實力也同時不忘以仁義為基礎,達到同時保國又睦鄰的雙重目的[75]。

---

[71] 李俊毅,〈北京的儒學外交〉,**展望與探索**,第 6 卷第 5 期,頁 46-47。

[72] 閻學通、孫學峰等著,**中國崛起及其戰略**(北京:北京大學出版社,2005 年 12 月),頁 151。

[73] 陳佩堯、夏立平主編,**國際戰略縱橫第一輯**,頁 184。

[74] 張妍,〈傳統文化與中國外交〉,**國際關係學院學報**,1998 年第 3 期,頁 7。

[75] 陳向陽,〈務實王道睦鄰外交〉,**江南社會學院學報**,第 6 卷第 4 期,2004

即使是在千百年後，中國的對外政策仍一定程度的受到古代政治思想之影響，而這樣的影響可以在中國各層領導人的講話內容中探詢到關連[76]。雖說這些理想概念與中國本身的作為是否相符、是否好高鶩遠、是否真正被世界所接受等疑問充斥，但我們還是可以發現透過這些內涵的轉換，中國近來在軟實力的發揮與運用上已有極大的進展[77]。

相對地，在與安全議題較為相關的維和行動上是不是也有借用古代政治思想之內涵來強化其正當性的情形？仁愛的精神中包含「仁民而愛物」、「世界大同」等概念，與維和行動中越來越多的人道救援、社會重建等部分正好印證；「以和為貴」、「和而不同」的概念，則與維和行動強調解決衝突、而非擴大衝突相印證；王道精神與霸權行為相反，正好彰顯了維和行動代表國際安全合作的背後意義。即使與和諧外交並無直接相關連，但有了這些與古代政治思想上的相似性，加上維和行動不像一般軍事行為具有如此的敏感性，而是屬於一種政治上的權力運用行為[78]，在國際戰略的執行上就可以較無爭議地把維和行動當作是一種實踐的手段。

三、國際戰略解釋的侷限性

由上所述，從國際戰略此一角度來看中國參與維和行動同樣是有相當解釋力的。然而既然提到中國內部的決策過程，當然也就不能忽視反面意見所可能帶來的影響。

年 12 月，頁 25。

[76] 李俊毅，前揭文，頁 50-52。

[77] 同上註，頁 59-62。

[78] 康紹邦、宮力，前揭書，頁 73。

（一）大國地位的反思

就一般的看法而言，中國要享有較為友善的周遭發展環境，並且不再被懷疑是國際體系中的改革者，就必須在國際間取得更大的地位正當性[79]。但取得正當性並且成為「負責任大國」意味著認同現狀秩序與其價值，這將深化中國文明的「認同危機」與中國政權的「正當性危機」。

由於「負責」常意味著認同主流秩序價值，承擔現狀秩序的國際「責任」，中國內部的反對意見認為：一、可能超出中國的能力負擔；二、「有所作為」將「樹大招風」；三、實際上現狀秩序的主宰者最終根本不會寬容中國的加入，無論是由於體系力量對抗的理由還是文明衝突的理由，「負責」的作為是中國一廂情願；四、認同國際秩序現狀價值，等於否定北京官方的社會主義理論，削弱其正當性並危及其執政基礎[80]。

（二）人權與主權的分界

前述提及中國認識了新的全球環境後，開始走向多邊主義的外交且強調協調與合作為主的新安全觀。對此，中國學者王逸舟認為新安全觀應當是一種「立體安全」的概念，即不僅把安全從傳統軍事領域擴大到非軍事領域，且國家安全已不只是一種對外的、單純防禦性的東西，還包含受保護的主體自身的自由而健康發展和內部各種利益團體的良性互動，簡單來說就是國家的安全

---

[79] Yong Deng, "Better than Power: 'International Status' in Chinese Foreign Policy," in Yong Deng and Fei-Ling Wang, eds., *China Rising: Power and Motivation in Chinese Foreign Policy*(Maryland: Rowman & Littlefield Publishing, 2005), p. 62.

[80] 張登及，前揭書，頁262。

與否是和國家的進步與否聯繫在一起的[81]。因此在新的全球環境下追求國家的安全，則無法忽視非傳統因素、國內多元聲音的出現，而這將造成不僅是外部且內部可能存在的矛盾產生，其中最明顯的一項就是中國人權與主權間的糾葛狀況。

由實踐經驗來看，1999 年之前中國的投票行為仍是把國家主權置於該地人權考量之前，直到之後因為維和行動納入了更多種的任務而具有全面解決爭端的代表性，中國始改變態度。即使絕對與嚴格的主權概念已在中國與國際社會融合的過程中，得到了相當程度的調整[82]，筆者認為這樣的態度轉變並非代表中國已經在根本上就人權問題的敏感性與國際主流意見達成妥協[83]。實乃 1999 年前維和行動以武力方便人道主義救援進行的特徵太過明顯，1999 年後因為多重性質的混和才減低了人道主義特別突出的狀況，也減低了中國堅持原則的可能性。

中國因為全球化因素加深了與世界接軌的程度與速度，這帶給中國同時間弔詭的兩種影響，一方面是在追求國家利益的過程中更確立了自我的外在主權，另一方面卻也使其內在主權受到更多國際規範的限制[84]。這種矛盾顯現了現代與傳統間的拉扯，中國往後在這兩個面向上將會如何保持平衡或是傾向任何一邊，想必也會直接影響維和行動的參與情形。

---

[81] 王逸舟，前揭書，頁 30。

[82] Robert G. Sutter, *China's rise in Asia: promises and perils*(Maryland: Rowman & Littlefield Publishers, 2005), p. 45.

[83] 王逸舟，前揭書，頁 31。

[84] Samuel S. Kim, "Chinese Foreign Policy Faces Globalization Challenges," in Alastair Iain Johnston and Robert S. Ross, eds, *New Directions in the Study of China's Foreign Policy*(California: Stanford University Press, 2006), p. 298.

　　總體來看，不論是對「負責」作為的反思或是對主權界線的堅持，在前一章筆者所提到的困難與限制中都曾出現，可見以內部國際戰略決策的過程來檢視維和行動的參與情形在正反兩面都具有相當解釋力。

　　長時間以來，有四種矛盾因素限制著中國的對外政策行為。其一是大國與窮國認同間的矛盾；其二是開放誘因與主權顧忌間的矛盾；其三是原則與務實間的矛盾；最後則是雙邊與多邊的矛盾[85]。這些或多或少與外部環境有關，但主要是來自內部的傳統包袱在某些方面已經與過去展現了差異，如在雙邊與多邊間較以往更依賴了後者；原則與務實間，前者往往展現了更多的彈性以配合後者。但同樣堅持不變者仍存在，對自身經濟實力的謹慎造成對參與國際事務的某些保留；而即使已不再堅持嚴格主權概念，卻未如一般國際社會所預期的那麼開放。不管如何，這樣調和與改變後的結果展現出中國較過去更為自信的一面，且同時能維持一定程度主權與國家安全[86]；在參與維和行動上，2000 年後中國的作為即展現了更為自信的一面。

　　國際戰略的思想與計畫隨著對於外在環境的判斷而變化，目標與手段也隨思想與計畫的變化而調整。維和行動的參與符合目前中國所謂和平、發展與合作的戰略思想，也符合當前的「新安全」戰略計畫；參與維和行動所展現出來的結果亦與當前國際戰略的目標與手段相符合，也就是講求務實的一面且尊重國際多邊

---

[85] Wu Xinbo, "Four Contradictions Constraining China's Foreign Policy Behavior," in Suisheng Zhao, ed., *Chinese Foreign Policy: Pragmatism and Strategic Behavior*(New York: East Gate Book, 2004), pp. 58-65.

[86] Marc Lanteigne, *China and International Institutions: Alternate paths to global power*(New York: Routledge, 2005), p. 151.

安全合作，同時符合特定的國家利益並有助於提倡塑造國際新秩序的「和諧外交」、「新安全觀」等。目前中國想必已經認為參與維和行動所獲得的利將會大於弊，因此決定加深參與程度，而這也一定程度的代表了中國的戰略考量是極為計算性（calculative）的[87]。因此雖然有前述的解釋侷限性問題，且中國在未來可能仍會出現「往前兩步、後退一步」（two steps forward, one step back）的情況，但在實現國際戰略目標的前提下，中國在大方向上應該會選擇保持其步調，朝向成為國際社會中的領導國家的方向持續前進[88]，而參與維和行動則是實現這些目標的手段之一。

第四節　小結

本章前三小節中呼應第二章中所提到的研究途徑，以第三與第四章的內容為主套用後，作為本書的另一部分研究成果。其中分別以國際建制理論、維和行動本身的質變以及中國國內決策面向，來評斷這些因素在中國參與維和行動中的解釋力。

第一節以國際建制理論的三種不同學派來解釋國際建制的存續性以及中國的相關行為。筆者發現以權力為基礎的新現實主義觀點，在這兩方面的某些面向上具有說服力，但仍欠缺全盤的解釋力，例如完全以權力來看聯合國或是維和行動就不是如此恰

---

[87] Michael D. Swaine and Ashley J. Tellis, *Interpreting China's Grand Strategy: Past, Present and Future*(Santa Monica: Rand, 2000), pp. 112-113.

[88] Bates Gill, "Two Steps Forward, One Step Back: The Dynamics of Chinese Nonproliferation and Arms Control Policy-Making in an Era of Reform," in David M. Lampton, ed, *op.cit*., p. 288.

當。以利益為基礎的新自由制度主義，相比之下就較能切中當前中國參與維和行動的背後因素，也可以反應現今國際合作概念下的多邊主義現象，具有較為完整的解釋力。從以知識為基礎的建構主義觀點來看，可以了解到中國自 1949 年建政以來自我國家身分定位的過程；然而也許較為令人好奇的是，中國目前面對龐大的國際制度與規定，是的確在學習或只是在調適，這將和未來參與維和行動的持續性有直接相關。筆者愚見認為未來無法排除中國會以學習的心態接受這些規範，但現階段中國還未完全拋棄以權力和利益的因素作為加入某一國際建制的考量範圍，建構主義的觀點自然也就過於樂觀。

　　第二節則以維和行動本身的質變來印證中國參與維和行動的過程。筆者的結論是如果不完全以中國自身出發點來判斷，維和行動的質變也可以成為另一種解釋中國參與態度與行為上變化的依據。因為質變後的維和行動已不像 1990 年代時具有明顯以武力授權執行人道救援的「強制和平」特色，而是包含了更多任務類型的綜合性「支援和平行動」。這樣的改變一方面淡化了強制和平的色彩，而對中國較一般國家更為嚴格的主權原則形成較低的挑戰，另一方面則因為支援和平行動在實踐上逐漸證明其成效，迫使中國沒有進一步的理由反對其該承擔的國際責任與該給予維和行動之支持。

　　第三節以中國國內決策過程來討論，就國際戰略的角度來切入。筆者將第二章中提及的國際戰略思想、計畫、環境判斷、目標以及手段分開討論，結論則是參與維和行動在國際戰略的各面向皆有相符之處。國際戰略的制定依據了大量的理性判斷與分析，並以國家的國際利益以及塑造國際新秩序為目標，最終以融入國際社

會、參與國際事務為實踐手段。中國參與維和行動是依據當前國際情勢的變化後的行為表現，與上述兩目標相符同時也是實踐手段的其中一環。即使在參與過程中存在某些顧慮，但在總體利弊得失的衡量下中國選擇加深涉入程度，一方面展現了國際戰略制定的一貫性與計算性，另一方面也展現了中國想要更為積極地有所作為且以和平的方式參與國際事務。相互印證之下，中國的國際戰略與其參與維和行動之作為是符合的，也可確定後者是前者的產出項之一。

第六章　研究心得

　　經過了自第二章介紹的三個研究途徑，第三章描述的中國實際參與維和行動和投票行為，第四章所探討的中國遭遇之困難與限制，第五章將研究途徑與事實發展部份作連結，以探究兩者間的關係。最終，筆者將於此章把本書總結，除了回顧第五章的研究結果也將提供一些更廣的研究心得。

一、研究途徑間的關係

　　由第五章的結論可知，國際建制理論中的三大學派以新自由制度主義較具解釋性，另外以維和行動的質變及國際戰略的制定兩面向來看，皆可證明與中國參與維和行動之形成及態度的轉變有關。理論面的新自由制度主義點出了中國重視利益的根本出發點，此在外部的維和行動質變和內部的國際戰略制定過程中其實一直存在。也就是在本書的例子中，內外部的變化提供了一些不同觀察角度與解釋，而這些非理論的討論最終也指向理論中所根本強調的利益取向特徵，可說是相互呼應。

　　另外由維和行動質變以及研判國際環境過程中，顯示出中國受到外在因素影響而改變其認知，這呼應了理論面中建構主義的觀點；但將來更有意義的研究應是針對中國受到多種因素之影響而改變後，中國如何或是否也會以其自身影響力對維和行動，甚至是國際安全合作觀念產生影響。

　　一般討論個別案例時，多是單就理論或內外部影響因素切入。筆者認為在本案例中此這三者間是有相互關連性的，雖可各自獨立來檢視中國的作為，卻也可整合在一起以提供更為完整的解釋畫面。

二、態度轉變後的變與不變

　　比較 2000 年前後的實際參與行為，後期不論是在次數、人數、人員組成、所佔聯合國總體比例、培訓、國際交流、針對維和行動之倡議等方面，與前期相比都展現出非常大的變化。後期的中國反而突顯出了較為一致的支持態度，而非像前期對於許多原則都有意見，雖非一概地否定維和行動，但其多變與多重的立場卻已足以令人「眼花撩亂」。其中的詳細原因筆者透過研究途徑的套用已作出解釋，結果大體上不外乎展現出中國更為理性、現實、彈性、積極、多元的一面。雖說這個大方向已逐漸固定，但能在如此短的時間內改變其態度，仍令筆者有些意外。

　　而就 1990 年代前後來看，其中最明顯的變化在於中國對維和行動本身的認知，由視維和行動為帝國主義的替代工具轉變成逐漸對維和行動的肯定。在開始針對維和行動的授權參與投票後，中國於 1999 年之前堅持傳統且嚴格的主權原則、非武力原則、事先同意原則，除了在極少數特殊情況下，中國此時期只明確支持傳統維和行動，其餘有牴觸上述原則者皆於決議草案審查過程中，以口頭表達不同意見後投下棄權票。2000 年之後中國則一改前段時期的作風而放棄了較為傳統的立場，對國際干涉某國人權問題而可能侵犯該國主權的情況逐漸展現彈性接納，對於武力的使用

也較前期展現了更多彈性。過去緊抓主權原則不放的中國如今有這樣的變化，這似乎與一般人對中國的刻板印象有不小的出入。

然而我們卻應注意中國在彈性中仍保有的堅持，其一是問題發生後如未波及該地區附近的安全則不該干涉內政，其二是仍舊反對過於頻繁以違反人權、人道主義為理由的干涉行動，其三是事先同意原則，其四是安理會的授權。可明顯看出中國是在為將來台海問題打「預防針」，不希望這些先例一開而造成了往後自己的麻煩。可見中國還是非常冷靜地在計算利弊得失，不會因為一味想積極參與而亂了長遠的謀劃。

三、被迫或主動？

中國參與維和行動的背後因素，是出於被迫或是主動參與？筆者認為必須就兩個層次分析。首先就較大的層面來看，參與維和行動是由於改革開放後逐漸接受多邊主義下的結果，因此先討論中國融入國際社會是有必要的。此一層面上，筆者認為中國出於被迫的成分居多，主要原因則是中國在外部情勢的判斷上對國際現實的認知，也就是美國的單極霸權仍舊處於一定的優勢地位，中國內部發展優先的政策無法且不願與實力仍舊強大的美國有任何衝突，接受西方國家的「遊戲規則」也就成為必然。

參與維和行動此一層面出於上述被迫接受國際規範的影響而形成，但筆者認為在 2000 年後中國態度的轉變已非出於被迫，而是展現了更多積極主動的特徵。其主要原因在於中國已由被迫改變轉為逐漸將這些規範內化，其內化的動力則是鑒於符合中國自身的國家利益，這些證據不僅展現在實際數字上的變化與

投票行為上的一致性，更表現在中國近年多次倡議的聯合國與維和建制相關改革方案中。

四、主客觀的良性循環

　　如同新自由制度主義對於國際建制的觀點一般，中國的參與不僅是自身融入國際社會的一個機會，這些行為產生的效果同樣會回饋至整體國際社會中，形成國際間共同的利益。中國雖由被迫轉為主動投入，但可確保安理會的權威及在其中的主導權，同時在攸關利益的地區維護其投資利益，也可突破前述限制中國外交政策的矛盾因素而展現更多自信；同時，國際社會因為樂於見到一個開始承擔國際責任的中國逐漸形成，因此也積極地與中國進行維和行動上的交流。短期來看這不僅代表對維和建制的直接幫助，可刺激其他大國的仿效與跟進；長遠來看這也是一股促進中國逐漸褪去嚴格主權原則大衣的動力，此將有利於鼓勵中國在未來更全面性的融入國際建制與承擔更多的國際責任。因此筆者認為此一現象不只是中國單方面受惠，更開啟了一道國際正面力量影響中國作為的大門，如果這樣的趨勢繼續保持下去，將會是個多邊獲益且有助國際情勢穩定的結果。

五、展望

　　除了探討中國參與維和行動的原因以及現階段的政策外，往後的發展情況當然也是本書所關注的。就前述新自由制度主義中的利益因素來看，其相當程度決定了中國積極參與的態度變化，

因此在討論未來同樣的參與步調中，利益當然是不可忽略的考量。例如，中國面臨了更多國際壓力或督促希望其介入某一危機時，是不是仍堅持對原則的牴觸或認為國際形象的提升可以彌補這些損失，類似這樣的衡量過程，即使可能不是主要但也是一定會被納入考量的。除了利益面向的思考，越來越多的中國學者用建構主義的觀點來切入，試圖說明中國已將國際建制中的規範內化、已處於與其他國家建立共同認知的過程，而未來中國也將更融入國際社會，代表了更穩定的參與行為是可預期的。然而就如筆者於第五章第一節後段所提到的，大部分西方學者的研究成果認為中國還是處於適應性、工具性學習而非認識性、規範性的學習，顯然結論並非如中國學者樂觀。

筆者愚見以為，以建構主義來套用維和行動除了有前述問題外，還有所謂「知識社群」的疑問，「知識社群」是一股塑造國家內部產生認知的重要力量，甚至可能對決策者產生相當的影響。然而維和行動是屬於安全領域的國際建制，中國當前決定是否派遣人員參與維和任務是由中央軍委會決定，外交部或是駐聯合國的武官們意見之影響力只是彙整情況，無法對真正的決策形成太大影響。如此一股在其他種類國際建制的正面力量不存在於維和行動參與決策中，自然也就對未來的持續性增添了一股不確定性。另外，畢竟維和行動牽扯到的是一些較為敏感的議題，也會牽扯到與前述中國仍堅持的原則是否牴觸的問題，要完全排除利益的考量是不可能的，因此利益衡量與學習程度都具有預測的侷限性，但也都是偏一不可的解釋因素。

不論理論觀點如何而以實際面來看，參與維和行動已經打破了中國在多邊外交中「先周邊再國際」的政策順序，可見維和行

動在當前對中國的重要性。加上一些其他因素，如目前為止國際間對於中國參與行為的評價是正面遠多於負面；又如許多主要國家及周邊國家也樂於和中國進行相關交流[1]。這會讓中國覺得裡子與面子雙贏，如果這樣的趨勢不變，中國要在未來有很重大的政策變化或轉向，應是不太可能的。

六、台灣的反思

　　由排斥到接受，又從接受到積極參與，中國的對外政策從維和行動中就可明顯感受出變化。這樣的變化是透過嚴謹的國際戰略制定程序所產出的，其根本是出於國家利益的考量和對國際規範產生越來越多認同的影響，也有部分是出於權力的追求。無論如何，維和行動背後所代表的現今中國對外行為已較過去成熟及進步許多，不僅是更具制度、彈性、理性、全面且更能主動的掌握情勢而作出正確決策。不論是以何種出發點積極參與維和行動，都可證明中國的多邊外交已逐漸收到成效，中國受到更多讚賞也在維和建制中更有發言的份量。

　　這樣的狀況看在筆者眼裡得出了兩點另類的感想。第一，一方面由於中國壓縮台灣的外交空間，另一方面台灣太過重視正式邦交關係，以致於台灣把太多的精神與資源放在雙邊關係上。當前的國際議題有許多都是牽扯到多邊關係，許多重要的國際共識都是多邊磋商而來的，多邊的力量已經漸漸趕上傳統的雙邊關係。中國清楚地認識到這點而改變作為，台灣則迫於客觀環境之

---

[1]　Alastair Iain Johnston, *Social States: China in International Institutions, 1980-2000* (New Jersey: Princeton University Press, 2008), p. 203.

限制及主觀上認知的頑固，以致在近年與國際接觸的機會異常貧乏，尤其是在多邊的場合。姑且不論是何種因素佔了較大的部分，台灣的外交相關人士都應該要開始認知到這個潛在束縛所可能帶來的極大衝擊，而非死守傳統、坐以待斃。

　　第二，中國以看似傳統的軍事力量為媒介，替自己在國際間爭取到和平維持者的美名；以似乎只和衝突有關的軍事力量，當作調解爭端、促進人道救援的工具。中國可以如此靈活地運用其資源，把硬權力轉化為軟權力來使用，讓硬的變軟且軟的更軟。反觀台灣，沒有機會參與維和行動是無法改變的事實，在國際間的處境艱難也是既定的事實，既然無法在政治領域與中國抗衡，何不繞道而行？中國都能從過去僵化的意識形態中跳脫，為何台灣就不能借鏡以展現靈活的外交作為，將台灣更為精緻且多元的文化、藝術、音樂、茶藝、自然生態等向全球推銷，培植台灣自己的軟權力？雖與維和行動無直接的相關性，但中國的改變令筆者訝異，也才對此有所感觸。

附錄一　中國歷年個別維和行動之參與率（1990-2008／4）

（數字以曾經派遣的最高人數為代表）

任務	中國參與的時間	觀察員 中國／ 總數%	警察 中國／ 總數%	軍隊 中國／ 總數%	總計 中國／ 總數%
UNTSO／ 中東停戰監督組織	1990 年 4 月 至今	6/165 3.64%	0/0	0/129	**6/294** **2.04%**
UNIKOM／ 伊拉克－科威特觀察團	1991 年 4 月至 2003 年 5 月	12/254 4.72%	0/0	1/933 0.11%	**13/1187** **1.10%**
MINURSO／ 西撒哈拉特派團	1991 年 9 月 至今	22/208 10.58%	0/35	0/48	**22/291** **7.56%**
UNAMIC／ 聯合國駐柬埔寨先遣團	1991 年 12 月至 1992 年 3 月	3/N.A. N.A.	0/0	0/1090	**3/1090** **0.28%**
UNTAC／ 聯合國柬埔寨過渡時期 權力機構	1992 年 2 月至 1993 年 9 月	47/893 5.26%	0/3359	400/15991 2.50%	**447/20243** **2.21%**
ONUMOZ／ 聯合國莫桑比克行動	1993 年 6 月至 1994 年 12 月	10/354 2.82%	0/1087	0/6567	**10/8017** **0.12%**
UNOMIL／ 聯合國賴比瑞亞觀察團	1993 年 11 月至 1997 年 9 月	11/303 3.63%	0/0	0/65	**11/368** **2.99%**
UNOMSIL／ 聯合國獅子山觀察團	1998 年 8 月至 1999 年 10 月	12/192 6.25%	0/3	0/17	**12/212** **5.66%**
UNAMSIL／ 聯合國獅子山特派團	1999 年 10 月至 2005 年 11 月	6/269 2.23%	0/142	0/17129	**6/17540** **0.03%**
UNTAET／ 聯合國東帝汶 過渡行政當局	2000 年 1 月至 2002 年 4 月	0/129	60/1527 3.93%	0/8162	**60/9818** **0.61%**
UNMEE／ 聯合國伊索匹亞 －厄立垂亞特派團	2000 年 10 月 至今	10/222 4.50%	0/0	0/3992	**10/4214** **0.24%**
UNMIBH／ 聯合國波士尼亞 －赫茲哥維那特派團	2001 年 1 月至 2002 年 11 月	0/5	15/2047 0.73%	0/0	**15/2052** **0.73%**
MOUNC／ 聯合國剛果共和國特派團	2001 年 4 月 至今	16/786 2.04%	0/1132	221/16669 1.33%	**237/18587** **1.28%**
UNMISET／ 聯合國東帝汶支助團	2002 年 5 月至 2005 年 4 月	0/122	76/1108 6.86%	0/5082	**76/6312** **1.20%**

UNMIL／ 聯合國賴比瑞亞特派團	2003年10月 至今	6/214 2.80%	25/1213 2.06%	569/14867 3.83%	**600/16249** **3.69%**
UNAMA／ 聯合國阿富汗援助團*	2004年1月至 2006年5月	0/16	1/8 12.50%	0/0	**1/24** **4.17%**
UNOCI／ 聯合國象牙海岸行動 （任務本身有中斷）	2004年3月至 2005年4月， 2006年7月至今	13/200 6.50%	0/1187	2/7871 0.25%	**15/9258** **0.16%**
UNMIK／ 聯合國科索沃 臨時行政當局特派團	2004年4月 至今	1/41 2.44%	20/4731 0.42%	0/0	**21/4772** **0.44%**
MINUSTAH／ 聯合國海地穩定特派團	2004年5月 至今	0/0	136/1930 7.05%	0/7519	**136/9449** **1.44%**
ONUB／ 聯合國浦隆地行動	2004年6月至 2006年6月	3/195 1.54%	0/106	0/5400	**3/5701** **0.05%**
UNMIS／ 聯合國蘇丹特派團	2005年6月 至今	15/705 2.13%	21/696 3.02%	446/8914 5.00%	**482/10315** **4.67%**
UNOTIL／ 聯合國東帝汶辦事處*	2005年7月至 2006年5月	0/15	7/58 12.07%	0/0	**7/73** **9.59%**
UNIFIL／ 聯合國駐黎巴嫩臨時部隊	2006年3月 至今	0/0	0/0	392/13539 2.90%	**392/13539** **2.90%**
UNMIT／ 聯合國東帝汶綜合特派團	2006年10月 至今	3/37 8.11%	25/1641 1.52%	1/12 8.33%	**29/1690** **1.72%**
UNIOSIL／ 聯合國獅子山綜合辦事處*	2007年1月至 2008年3月	1/15 6.67%	0/28	0/0	**1/43** **2.33%**
UNAMID／ 非盟－聯合國達佛混合行動	2007年12月 至今	0/245	0/1749	147/7393 1.99%	**147/9387** **1.57%**

目前共12個維和行動執行中（以粗體表示）

* UNAMA、UNOTIL和UNIOSIL是屬於聯合國政治與建設和平特派團（UN political or peacebuilding mission）

資料來源：

2006年至2008年數據 http://www.un.org/Depts/dpko/dpko/contributors/（contributors）；
2001年至2005年數據 http://www.un.org/Depts/dpko/dpko/contributors/95-05.htm（contributors）；
1948年至2000年數據 http://www.un.org/Depts/dpko/dpko（current operations/past operations）；
中國國務院新聞辦公室，2004年中國的國防（附錄六）http://www.china.com.cn/ch-book/20041227/17.htm（以上皆為2008/3/9查詢）；
Stefan Staehle, "China's Participation in the United Nations Peacekeeping Regime," *Master Thesis of The Elliott School of International Affairs of The George Washington University*, May 2006, pp.104-105.

製表：李俊毅　2008/3/13

附錄二　中國歷年所參與維和行動之發言紀錄（1990-2008／4）

任務	中國參與時間	決議時間	發言紀錄	達成決議
UNTSO／ 中東停戰 監督組織	1990 年 4 月 至今	1948/5	中國尚未成為聯合國會 員國	略
UNIKOM／ 伊拉克－科 威特觀察團	1991 年 4 月至 2003 年 5 月	1991/4/3	S/PV.2983 未發言，<u>贊成票</u>。(李道豫)	S/RES/689（1991） 決定設立聯合國伊拉 克－科威特觀察團。
MINURSO／ 西撒哈拉 特派團	1991 年 9 月 至今	1991/4/29	S/PV.2984 未發言，<u>贊成票</u>。(李道豫)	S/RES/690（1991） 由聯合國在非洲統一 組織合作下組織與監 督西撒哈拉人民的自 決全民投票。
UNAMIC／ 聯合國 駐柬埔寨 先遣團	1991 年12 月至 1992 年 3 月	1991/10/16	S/PV.3014 未發言，<u>贊成票</u>。(李道豫)	S/RES/717（1991） 決定於柬埔寨衝突全 面政治解決協定簽署 後，<u>在安理會權力下</u> 成立聯合國駐柬埔寨 先遣團。
UNTAC／ 柬埔寨過渡 時期聯合國 權力機構	1992 年 2 月至 1993 年 9 月	1992/2/28	S/PV.3057 近年來，聯合國在維護國 際和平與安全、和平解決 地區衝突方面不斷發揮重 要作用，受到各方普遍讚 賞。我們希望柬埔寨過渡 時期聯合國權力機構能以 最節約和最有效的方式完 成任務。<u>贊成票</u>。(李道豫)	S/RES/745（1992） 決定<u>在安理會權力下</u> 設立聯合國柬埔寨過 渡時期權力機構…… 採取<u>一切必要措施確</u> 保所有聯合國人員的 安全。
ONUMOZ／ 聯合國 莫桑比克行動	1993 年 6 月至 1994 年 12 月	1992/12/16	S/PV.3149 未發言，<u>贊成票</u>。(陳健)	S/RES/797（1992） 決定按秘書長的提 議，建立聯合國莫三 比克行動。
UNOMIL／ 聯合國	1993 年11 月至 1997 年 9 月	1993/9/22	S/PV.3281 我們希望衝突各方與聯合	S/RES/866（1993） 決定在安理會的權力

賴比瑞亞觀察團			國以及西非共同體充分合作，採取確實有效措施……中國代表團支持賴比瑞亞觀察團的建議，投了贊成票。（李肇星）	之下，設立聯賴觀察團。決定聯賴觀察團將包括軍事觀察員以及醫療、工兵、通訊、運輸和選舉等部門，外加觀察團所需的最低限度的支助人員。
UNOMSIL／聯合國獅子山觀察團	1998年8月至1999年10月	1998/7/13	S/PV.3902 我們認為，成立聯獅觀察團有助於獅子山及鄰近地區的穩定……中方支持設立聯獅觀察團，並將積極考慮向其派遣軍事觀察員。中國對決議草案將投贊成票。（沈國放）	S/RES/1181（1998）決定設立聯獅觀察團，起初為期六個月。決定觀察團應由至多70名軍事觀察員和一個小型醫療單位組成，配置必要裝備和文職支助人員。
UNAMSIL／聯合國獅子山特派團	1999年10月至2005年11月	1999/10/22	S/PV.4054 決議草案在一定程度上體現了安理會對非洲問題的重視與投入，中國代表團將投贊成票。（沈國放）	S/RES/1270（1999）決定立即設立聯合國獅子山特派團。根據聯合國憲章第七章採取行動，決定聯獅特派團在執行任務時可採取必要行動，確保其人員的安全和行動自由，並在部署地區於力所能及的範圍內向面臨人身暴力的急迫威脅的平民提供保護。
UNTAET／聯合國東帝汶過渡行政當局	2000年1月至2002年4月	1999/10/25	S/PV.4057 中國全力支持並將派人參加聯合國東帝汶過渡行政當局的工作。中國將對決議草案投下贊成票。（沈國放）	S/RES/1272（1999）根據聯合國憲章第七章採取行動，決定設立聯合國東帝汶過渡行政當局，賦予管理東帝汶的全盤責任，授權它行使一切立法和行政權力，包括司

				法行政…授權東帝汶過渡當局採取一切必要措施完成其任務。
UNMEE／聯合國伊索匹亞－厄立垂亞特派團	2000 年 10 月至今	2000/7/31	S/PV.4181　未發言，贊成票。(陳旭)	S/RES/1312（2000）決定成立聯合國伊索匹亞—厄立垂亞特派團，成員不超過 100 名軍事觀察員和必要的文職支助人員，為將來安理會授權開展的維持和平行動進行預先籌畫。
UNMIBH／聯合國波士尼亞－赫茲哥維那特派團	2001 年 1 月至2002 年 11 月	1995/12/21	S/PV.3613　未發言，贊成票。(秦華孫)	S/RES/1035（1995）決定在聯合國保護部隊將權力移交多國執行部隊後的一年期間，成立一支聯合國民警部隊，稱為國際員警工作隊。
MOUNC／聯合國剛果共和國特派團	2001 年 4 月至今	1999/11/30	S/PV.4076　未發言，贊成票。(陳旭)	S/RES/1279（1999）安理會決議授權的協助特別代表的人員，包括人權、人道主義事務、新聞、醫療支助、兒童保護、政治事務和行政支助領域的多學科工作人員，應組成聯合國組織剛果民主共和國特派團。
UNMISET／聯合國東帝汶支助團	2002 年 5 月至2005 年 4 月	2002/5/17	S/PV.4534　未發言，贊成票。(王英凡)	S/RES/1410（2002）決定從 2002 年 5 月20 日起設立聯合國東帝汶支助團。授權東帝汶支助團根據聯

				合國憲章第七章，在其任務期限內採取<u>必要行動</u>，以執行其任務。
UNAMA／聯合國阿富汗援助團*	2004年1月至2006年5月	2002/3/28	S/PV.4501 未發言，<u>贊成票</u>。(王英凡)	S/RES/1401（2002）贊同設立聯合國阿富汗援助團，自本決議通過之日起最初為期12個月。
UNMIL／聯合國賴比瑞亞特派團	2003年10月至今	2003/9/19	S/PV.4830 未發言，<u>贊成票</u>。(張義山)	S/RES/1509（2003）根據聯合國憲章第七章採取行動，決定設立聯合國賴比瑞亞特派團；保護聯合國人員、設施、裝置和設備……確保聯合國人員的安全和行動自由，並在其能力範圍內保護面臨迫在眉睫的人身暴力威脅的平民。
UNOCI／聯合國象牙海岸行動（任務本身有中斷）	2004年3月至2005年4月，2006年7月至今	2004/2/27	S/PV.4918 未發言，<u>贊成票</u>。(王光亞)	S/RES/1528（2004）根據聯合國憲章第七章採取行動，決定設立聯合國象牙海岸行動。授權聯象行動在其能力範圍和部署地區內使用<u>一切必要手段</u>執行任務。
UNMIK／聯合國科索沃臨時行政當局特派團	2004年4月至今	1999/6/10	S/PV.4011 我們堅決反對北約對南聯盟的軍事行動，要求北約立即停止一切轟炸，主張在尊重南聯盟主權和領土完整、保障科索沃地區各	S/RES/1244（1999）決心確保國際人員的安全和保障，確保有關各方根據本決議履行自己的責任，並為此目的根據聯合國憲

			族人民合法權益的基礎上和平解決科索沃問題⋯⋯從根本上講，一個國家的民族問題，應該由該國政府和人民通過正確的政策加以妥善解決，而不應該成為外部勢力干涉的藉口，更不能成為他國動武的理由⋯⋯<u>尊重國家主權和不干涉成員國內政是憲章的基本原則⋯⋯鼓吹人權高於主權，實質就是借人權侵犯他國主權，推行霸權</u>。決議草案未能充分體現中方的原則立場和合理關切，特別是該草案隻字未提北約轟炸南聯盟所造成的災難，且對憲章第七章的援引沒有予以必要的限制，因此，我們是有嚴重困難的。但考慮到南聯盟已接受有關和平計畫，北約已暫停對南聯盟的轟炸，草案重申了憲章的宗旨和原則以及安理會維護國際和平與安全的首要責任，重申了所有成員國都應尊重南的主權和領土完整，中國代表團對這一決議草案的通過將不阻攔。**棄權票**。（沈國放）	章第七章採取行動⋯⋯授權會員國和有關國際組織提供一切必要手段以履行責⋯⋯嚇阻重新發生敵對行動，維持並在必要時強制執行停火，確保聯盟和共和國的軍事、員警和準軍事部隊，撤出科索沃並防止其返回。
MINUSTAH／聯合國海地穩定特派團	2004 年 5 月至今	2004/4/30	S/PV.4961 未發言，**贊成票**。（王光亞）	S/RES/1542（2004）決定設立聯合國海地穩定特派團。根據聯合國憲章第七章採取

				行動，授權秘書長採取<u>一切必要措施</u>，促進和支持在聯合國接管多國臨時部隊的職責之前盡早部署聯海穩定團。
ONUB／聯合國浦隆地行動	2004年6月至2006年6月	2004/5/21	S/PV.4975 未發言，<u>贊成票</u>。(成竟亞)	S/RES/1545（2004）根據聯合國憲章第七章採取行動授權在浦隆地部署一個維持和平行動，稱為聯合國浦隆地行動。授權在其能力範圍和武裝部隊部署地區內，同從事人道主義和發展工作的人進行協調，使用<u>一切必要手段</u>執行任務。
UNMIS／聯合國蘇丹特派團	2005年6月至今	2005/3/24	S/PV.5151 未發言，<u>贊成票</u>。(王光亞)	S/RES/1590（2005）決定設立聯合國蘇丹特派團。根據聯合國憲章第七章採取行動，決定授權聯蘇特派團在其部隊部署地區採取自認力所能及的<u>必要行動</u>，保護聯合國人員、設施、裝置和裝備，保證聯合國人員、人道主義工作人員、聯合評估機制及評估和評價委員會人員的安全和行動自由，並在不影響蘇丹政府應負責任的情況下，保護人身隨時會受到暴力威脅的平

				民。
UNOTIL／ 聯合國 東帝汶 辦事處*	2005 年 7 月至 2006 年 5 月	2005/4/28	S/PV.5171 未發言，贊成票。（王光亞）	S/RES/1599（2005） 決定成立一個為期一 年的東帝汶後繼政治 特派團，即聯合國東 帝汶辦事處，留駐東 帝汶。
UNIFIL／ 聯合國 駐黎巴嫩 臨時部隊	2006 年 3 月 至今	2006/8/11	S/PV.5511 在磋商過程中，中方反復 強調，安理會任何決議和 解決方案都要尊重有關各 方，特別是黎巴嫩和阿拉 伯國家的關切……決議還 詳細規定聯黎部隊新授權 權。這些為下一步實現黎 以問題的長期政治解決方 案打下了良好基礎。我們 注意到，黎以雙方和阿拉 伯國家對該決議不持異 議。基於上述考慮，中方 對安理會第 1701 號決議 投了贊成票。（劉振民）	S/RES/1701（2006） 為支持黎巴嫩政府關 於部署國際部隊以協 助它對整個領土實行 管轄的要求，授權聯 黎部隊在其部隊部署 區內採取它認為力所 能及的一切必要行 動，確保其行動區不 被用來進行任何類別 的敵對行動，挫敗任 何用武力阻止它根據 安全理事會的任務規 定履行職責的企圖， 保護聯合國人員、設 施、設備和裝備，保 障聯合國人員、人道 主義工作者的安全和 行動自由，並在不影 響黎巴嫩政府行使職 責的情況下，保護可 能即將面臨人身暴力 行為的平民。
UNMIT／ 聯合國 東帝汶 綜合特派團	2006 年 10 月 至今	2006/8/25	S/PV.5516 未發言，贊成票。（劉振民）	S/RES/1704（2006） 決定設立東帝汶後續 特派團，即聯合國東 帝汶綜合特派團。又 決定東帝汶綜合團將 有適當的文職部門，

				最多可有 1608 名警員，且初期最多可有 34 名軍事聯絡官和參謀。
UNIOSIL／聯合國獅子山綜合辦事處*	2007 年 1 月至 2008 年 3 月	2005/8/31	S/PV.525　未發言，<u>贊成票</u>。(成竟亞)	S/RES/1620（2005）設立聯合國獅子山綜合辦事處，初步為期 12 個月，從 2006 年 1 月 1 日起。
UNAMID／非盟－聯合國達佛混合行動	2007 年 12 月至今	2007/7/31	S/PV.5727　特別需要強調的是，這項決議的目的，是授權啟動「混合行動」，而非進行施壓或制裁。在整個磋商進程中，中國始終堅持決議應簡單明瞭，集中體現安理會授權部署「混合行動」這一核心內容。儘管案文仍有可以改進和完善的餘地，但中方認為基本體現了上述精神。基於此，中方對決議投了<u>贊成票</u>。(王光亞)	S/RES/1769（2007）根據聯合國憲章第七章採取行動，決定授權達佛混合行動在其部隊部署區內，並在其認為力所能及的情況下，採取<u>一切必要</u>的行動。

目前共十二個維和行動執行中（以粗體表示）

* UNAMA、UNOTIL 和 UNIOSIL 是屬於聯合國政治與建設和平特派團（UN political or peacebuilding mission）

資料來源：

聯合國安理會各年度決議及會議紀錄全文。

http://www.un.org/chinese/aboutun/prinorgs/sc/pv/other_years.htm（2008/3/15 查詢）

製表：李俊毅　2008/3/17

由整理出的內容可得知除了 UNMIK 外，對於自身會參與的維和任務中國皆採取贊成立場，且發言內容普遍不多。

附錄三　中國投票行為的態度轉變（1973-2007）

	時間	會議記錄	達成決議	備註
中東問題	1973/10/25	S/PV.1750 所謂實行停火協議的決議並無法解決問題。中國代表團認為聯合國緊急部隊是無所作用的，反而是會將於中東的阿拉伯國家主權置於國際控制之下。何謂聯合國維和部隊?明白地說，只是為了佔領阿拉伯領土，南韓就是個活生生的例子。<u>中國向來反對派遣所謂的維和部隊，這些行動只會為了近一步的國際干涉與超級強權的幕後操縱鋪路</u>。中方決定<u>不參與決議草案的投票</u>。（黃華）	略。	完全否定維和行動。
塞浦路斯問題	1981/12/14	S/PV.2313 對今後凡是嚴格按照聯合國憲章的宗旨和原則建立的、有利於維護國際和平和安全、有利於維護有關國家的主權和獨立的聯合國維持和平行動，中國政府都將本著<u>積極支持</u>的立場。<u>贊成票</u>。（凌青）	S/RES/495 （1981） 延長聯合國維和部隊在塞浦路斯的駐留期限。	第一次針對維和行動投票。
伊拉克－科威特問題	1990/11/29	S/PV.2963 中國政府認為，國與國之間的關係應建立在互相尊重領土與主權完整、互不侵犯、互不干涉內政、平等互利、和平共處五原則的基礎上，國際爭端應通過對話協商解決，反對任何國家以任何藉口武裝入侵和併吞任何一個主權國家。鑑此，中國一開始就要求	S/RES/678 （1990） 要求伊拉克遵守 S/RES/660 （1990）決議，否則可以使用<u>一切必要手段</u>維護上述決議。	反對使用武力。

		伊拉克軍隊立即、無條件地撤出科威特。即將表決的這個決議草案採用了「使用一切必要手段」的措辭，實質上是允許採取軍事行動，而這一內容有悖於中國政府力主和平解決的一貫立場，因此，中國代表團難以對這一決議案投贊成票；另一方面，要求伊拉克立即從科威特撤軍，對這一點中國是贊成的，因此中國對這個決議草案將不投反對票。棄權票。（錢其琛）		
柬埔寨問題	1992/2/28	S/PV.3057 近年來，聯合國在維護國際和平與安全、和平解決地區衝突方面不斷發揮重要作用，受到各方普遍讚賞。我們希望柬埔寨過渡時期聯合國權力機構能以最節約和最有效的方式完成任務。贊成票。（李道豫）	S/RES/745 （1992）決定在安理會權力下設立聯合國柬埔寨過渡時期權力機構……採取一切必要措施確保所有聯合國人員的安全。	贊成傳統形式的維和行動（traditional peacekeeping）。
波士尼亞－赫茲哥維那問題	1992/8/13	S/PV.3106 我們同意決議所聲稱的推動人道主義救濟工作順利進行的目的。但是，我們不能同意決議准許成員國採取武力手段……我們擔心，安理會通過使用武力的決議可能將對各種政治解決的努力造成困難。決議授權各國採取一切必要措施，這種不加限定的廣泛授權如同空白支票，有可能使局勢失去控制……聯合國的聲譽很可能因此受到損害。棄權票。（李道豫）	S/RES/770 （1992）根據聯合國憲章第七章採取行動，要求各當事方立即停止戰鬥。採取一切必要措施提供人道主義援助，並確保聯合國人員和其他人員之安全。	反對以武力介入人道主義。

	1992/9/14	S/PV.3114 同 S/PV.3106，<u>反對使用武力</u>。<u>棄權票</u>。（李道豫）	S/RES/776 （1992） 強調禁止軍事飛行等空中措施的重要性，這些措施的執行可加強人道主義活動的安全。擴大聯保部隊的任務和編制，確保其安全並使其能夠履行其任務可能需要的下一步驟。	反對使用武力。
	1992/10/9	S/PV.3122 中方原則上並不反對在有關各方同意的條件下建立軍事禁飛區，以保證<u>人道主義救濟活動</u>的順利進行並確保無辜平民的安全。但決議草案包含了 S/RES/770 相類似的有關內容，特別是暗含今後<u>動用武力</u>的可能性。由於上述原因，中國代表團難以支持這一決議草案。<u>棄權票</u>。（金永健）	S/RES/781 （1992） 注意所有關於軍事飛行禁令執行情況，如有違反事件，則緊急審議執行這項禁令的進一步必要措施。	反對以武力介入人道主義。
索馬利亞問題	1992/12/3	S/PV.3145 中國代表團將對決議草案投贊成票。但是，我們仍要指出，<u>這個決議草案授權某些國家採取軍事行動的方式，這有可能對聯合國的集體作用帶來不利影響。對此，我們表示保留</u>。我們認為，從長遠角度來看，只有通過有關方面的<u>對話和協商</u>，才能真正解決爭端。決議草案所授權的軍事行動，其目的是在短期內迅速為	S/RES/794 （1992） 根據聯合國憲章第七章授權採用一切必要的辦法，為人道主義救濟行動盡快建立安全的環境。	認為索馬利亞的情況特殊，因此予以同意。

		在索馬利亞境內的<u>人道救援行動</u>創造安全的環境，一旦這一環境得以建立，軍事行動就應立即停止。<u>贊成票</u>。（李道豫）		
	1993/3/26	S/PV.3188 中國一貫主張在聯合國主持下，以<u>和平手段</u>尋求政治解決索馬利亞問題。我們贊成聯合國根據秘書長的建議以及大多數非洲國家的要求，在索馬利亞採取強有力的措施，以建立<u>人道主義救援安全</u>環境並為最終解決索馬利亞問題創造條件。根據聯合國憲章第七章授權二期聯索行動採取強制性措施執行其任務，這一授權是根據索馬利亞<u>獨特局勢</u>的需要而採取的，這在聯合國此類維和行動中尚屬首次，<u>不構成聯合國維和行動的先例</u>。<u>贊成票</u>。（陳健）	S/RES/814（1993）根據聯合國<u>憲章</u>第<u>七章</u>採取行動，擴大聯索行動部隊（第二期聯索行動）的任務與編制。	
波士尼亞－赫茲哥維那問題	1993/3/31	S/PV.3191 <u>中方對援引憲章第七章授權各國使用武力有所保留</u>。<u>棄權票</u>。（陳健）	S/RES/816（1993）根據聯合國憲章第七章採取行動，擴大飛航禁令。如繼續發生違反情況，可採取<u>一切必要措施</u>確保禁令獲得遵守。	反對以武力介入人道主義。

	1993/6/4	S/PV.3228	S/RES/836	允許以武力自
		基於<u>人道主義</u>考慮，中國代	（1993）	衛，也兼顧人道
		表團對決議草案投贊成	根據聯合國憲章第	主義與事先同意
		票。決議中援引憲章第七章	七章採取行動，決	原則。
		授權動武，對此我們不得不	定擴大聯保部隊的	
		表示保留。<u>贊成票</u>。（李肇	任務。在自衛行動	
		星）	中採取<u>一切必要措</u>	
			<u>施</u>，包括使用武	
			力。	
	1993/10/4	S/PV.3286	S/RES/871	
		維和行動的部署或延期，<u>事</u>	（1993）	
		<u>先獲得當事國或有關方面的</u>	根據聯合國憲章	
		<u>請求或同意是先決條件</u>。決	第 七 章 採 取 行	
		<u>議已反映了這方面的要求</u>，	動，為了自衛採取	
		<u>中國代表團對此投了贊成</u>	必要措施，包括使	
		<u>票。我們不贊成在維和行動</u>	用武力，以確保其	
		<u>中援引憲章第七章</u>，<u>也不贊成</u>	安全和行動自由。	
		<u>將制裁作為解決衝突的手段</u>。		
		因次對本決議其中一些內		
		容，我們是有保留的。<u>贊成</u>		
		<u>票</u>。（李肇星）		
	1994/3/31	S/PV.3356	S/RES/908	
		我們贊同延長聯保部隊任期	（1994）	
		的建議，對決議投了贊成	根據聯合國<u>憲章第</u>	
		票。通過對話和談判和平解	<u>七章</u>採取行動，採	
		決衝突是我們的一貫主張。	<u>取一切必要措施</u>，	
		<u>我們不贊成訴諸武力或以武</u>	將近距離空中支援	
		<u>力相威脅</u>，<u>也不贊成在維和</u>	擴大到克羅地亞共	
		<u>行動中援引憲章第七章</u>，因	和國境內，以保護	
		此我們對決議中援引憲章第	執行聯保部隊任務	
		七章是有保留的。<u>贊成票</u>。（陳	的聯保部隊人員。	
		健）		
莫三比克	1994/5/5	S/PV.3375	S/RES/916	贊成傳統形式的
問題		聯莫行動的實踐證明，衝突雙	（1994）	維和行動。
		方有誠意<u>通過</u>談判來解決問	延長聯莫行動的任	
		題，聯合國維和行動才能成	務期限。	

		功。**贊成票**。（陳健）		
盧安達問題	1994/6/22	S/PV.3392 我們始終認為，通過談判是解決盧安達危機的唯一正確途徑，訴諸武力和採取強制手段只能導致局勢的進一步惡化。取得衝突各方的合作，是聯合國維和行動取得成功的不可或缺條件。現在看來，本決議草案將授權採取的行動尚難保證獲得衝突各方的合作。考慮到聯合國在索馬利亞維和行動的經驗教訓，中國代表團將對草案投棄權票。（陳健）	S/RES/929（1994）同意在聯盧援助團達到必要的兵力以前，可以為盧安達境內的人道主義目的發起一項多國行動。根據聯合國憲章第七章採取行動，使用一切必要手段實現第 925（1994）號決議規定的人道主義目標。	堅持事先同意原則；並因為索馬利亞行動失敗，又回到傳統維和行動模式；不同意使用武力。
海地問題	1994/7/31	S/PV.3413 我們不能同意決議草案中關於授權成員國根據憲章第七章採取強制性手段解決海地問題的決定。中國代表團認為，以軍事手段解決類似海地問題不符合聯合國憲章的原則……安理會授權一些國家使用武力的做法更令人擔憂，這無疑將會開創一個危險的先例。基於上述原因，中國代表團將對決議草案投棄權票。（李肇星）	S/RES/940（1994）根據聯合國憲章第七章採取行動，以協助海地合法政府維持治安。授權各會員國組成一支統一指揮和控制的多國部隊，使用一切必要手段促使合法當選總統立即返國和恢復海地政府合法主管當局，建立和保持安全和穩定的環境。	反對使用武力同時強調不干涉內政。
克羅埃西亞問題	1995/3/31	S/PV.3512 聯合國的維和行動應嚴格遵循憲章的宗旨和原則，當事方的同意和支持是部署聯合國維和行動的重要先決條件。中國	S/RES/981（1995）按照聯合國憲章第七章採取行動，決定在克羅埃西亞設	事先得到同意，且又同意使用武力自衛。

		代表團重申對在維和行動中援引憲章第七章採取強制性行動並使用武力持保留立場。贊成票。（王學賢）	立聯合國恢復信任行動，採取一切必要措施，對克羅埃西亞的領土提供近距離空中支援，保衛執行聯恢行動任務的聯恢行動人員。（將聯保部隊一分為三）	
波士尼亞－赫茲哥維那問題	1995/6/16	S/PV.3543 聯合國的維和行動，顧名思義，其使命應該是維持和平，而不是戰鬥。決議草案要求根據憲章第七章建立一支快速反應部隊，這實質上就是要實施強制性行動。聯合國維和行動在這方面已經有十分深刻的教訓，再也不能重蹈過去的覆轍了。這一決議草案中許多內容同我們的原則立場相悖。因此，中國代表團對此不能表示支持。但同時考慮到不少發展中國家希望安理會採取適當措施，中國代表團將對此決議草案投棄權票。（秦華孫）	S/RES/998（1995）根據聯合國憲章第七章採取行動，歡迎秘書長1995年6月9日關於增援聯保部隊和建立快速反應能力使聯和部隊／聯保部隊能執行任務的建議，因此決定授權增加聯和部隊／聯保部隊人員。	反對強制性的維和行動（peace enforcement），但也顧及到第三世界國家的看法。
	1995/12/15	S/PV.3607 基於中國考慮到當事各方的迫切要求，以及這個決議草案是在特殊情況下，採取的特殊行動，中國代表團將對決議草案投贊成票。（秦華孫）	S/RES/1031（1995）根據聯合國憲章第七章採取行動，授權設立一支統一指揮和控制的多國執行部隊，採取一切必要措施切實執行和確保遵守和平協定。授權各會員國應執行部隊的請求	反對強制性的維和行動，但認為情況特殊。

			採取一切必要措施捍衛執行部隊或協助該部隊執行任務，並確認該部隊有權採取一切必要自衛措施以免受到攻擊或攻擊的威脅。	
克羅埃西亞問題	1996/1/15	S/PV.3619 考慮到有關各方的迫切需要，我們對設立過渡時期行政當局及維和部隊投贊成票。在部署聯合國維和行動問題上，我們一貫不贊成援引憲章第七章採取強制性行動。過渡時期行政當局的軍事部隊主要以從事監督和協助實施非軍事化等任務，在此情況下，仍然援引憲章第七章予以授權是沒有必要的。贊成票。(秦華孫)	S/RES/1037 （1996） 根據聯合國憲章第七章採取行動，決定設立一個聯合國維和行動，包括民事和軍事部分，稱為東斯洛維尼亞過渡時期行政當局。決定授權採取一切必要措施，以保衛該過渡時期行政當局。	
波士尼亞－赫茲哥維那問題	1996/12/12	S/PV.3723 基於中國支持波士尼亞－赫茲哥維那和平進程的一貫原則立場，並考慮到當事各方的要求和實際情況，中國代表團將對決議草案投贊成票。多國穩定部隊應該接受安理會的政治指導；中國對於決議草案中援引憲章第七章，授權採取強制性措施及使用武力的保留立場未變。(秦華孫)	S/RES/1088 （1996） 根據聯合國憲章第七章採取行動，授權設立一支統一指揮和控制的多國穩定部隊，作為執行部隊的法定繼承者。採取一切必要措施切實執行和確保遵守和平協定。授權各會員國應執行部隊的請求採取一切必要措施捍衛執行部隊或協助該	反對使用武力，但了解到安理會有主導權。

			部隊執行任務，並確認該部隊有權採取一切必要自衛措施以免受到攻擊或攻擊的威脅。	
阿爾巴尼亞問題	1997/3/28	S/PV.3758 阿爾巴尼亞問題有其複雜性，從本質上說，屬於阿爾巴尼亞的內部事務。安理會授權對一個國家因其內部事務而引起動亂採取行動，與聯合國憲章的規定是不符合的。而且，我們也一貫不贊成安理會在授權的有關行動中，動輒援引憲章第七章。但同時，考慮到阿爾巴尼亞政府的有關要求，中國代表團將不阻攔決議案草案的通過。棄權票。（秦華孫）	S/RES/1101 （1997） 設立一支臨時、有限的多國保護部隊，以幫助安全、迅速地運送人道主義援助，包括為提供國際援助創造安全的環境。授權參加多國保護部隊的會員國以中立和不偏不倚的方式展開行動，並根據聯合國憲章第七章採取行動，還授權這些會員國確保多國保護部隊人員的安全和自由行動。	反對以人權干涉內政，但考慮到已取得當事國同意。
科索沃問題	1998/3/31	S/PV.3868 科索沃是南聯盟領土的一部分。從根本上說，這是南聯盟內部的事情。南聯盟所在地區的不少國家都由多民族組成，如果安理會在沒有當事國的要求下介入爭端，就有可能造成不良的先例，並帶來更廣泛的消極影響。將歐安組織與南聯盟之間的分歧和科索沃人權問題引入安理會，並將南聯盟返回國際社會與科索沃問題掛鉤的作法，也是不合適	S/RES/1160 （1998） 根據聯合國憲章第七章採取行動，決定所有國家為了促成科索沃的和平與穩定，應防止本國國民或從本國領土上或利用懸掛本國國旗的船舶和飛機，向南斯拉夫聯盟共和國，出售或供應任何類型的軍	反對以人權干涉內政，且堅持事先同意原則。

		的。中國代表團已多次表示了自己的原則立場，考慮決議草案的內容與我們的原則立場並不相符，我們不得不對面前的決議草案投棄權票。(沈國放)	火和有關物資，並應防止向當地的恐怖主義活動提供武裝和訓練。	
	1999/3/26	S/PV.3989 科索沃問題是南斯拉夫聯盟共和國的內部事務，應該由南聯盟當事各方自行解決。中國代表團對決議草案投贊成票。(秦華孫)	決議草案未被採納。 原草案 (S/1999/328)內容：要求北約立即停止對南斯拉夫聯盟共和國使用武力，並緊急恢復談判。	反對干涉內政。
	1999/6/10	S/PV.4011 我們堅決反對北約對南聯盟的軍事行動，要求北約立即停止一切轟炸，主張在尊重南聯盟主權和領土完整、保障科索沃地區各族人民合法權益的基礎上和平解決科索沃問題……從根本上講，一個國家的民族問題，應該由該國政府和人民通過正確的政策加以妥善解決，而不應該成為外部勢力干涉的藉口，更不能成為他國動武的理由……尊重國家主權和不干涉成員國內政是憲章的基本原則……鼓吹人權高於主權，實質就是借人權侵犯他國主權，推行霸權。決議草案未能充分體現中方的原則立場和合理關切，特別是該草案隻字未提北約轟炸南聯盟所造成的災難，且對憲章第	S/RES/1244 (1999) 決心確保國際人員的安全和保障，確保有關各方根據本決議履行自己的責任，並為此目的根據聯合國憲章第七章採取行動……授權會員國和有關國際組織提供一切必要手段以履行職責……嚇阻重新發生敵對行動，維持並在必要時強制執行停火，確保聯盟和共和國的軍事、員警和準軍事部隊，撤出科索沃並防止其返回。	反對以人權干涉內政。

		七章的援引沒有予以必要的限制，因此，我們是有嚴重困難的。但考慮到南聯盟已接受有關和平計畫，北約已暫停對南聯盟的轟炸，草案重申了憲章的宗旨和原則以及安理會維護國際和平與安全的首要責任，重申了所有成員國都應尊重南的主權和領土完整，中國代表團對這一決議草案的通過將不阻攔。<u>棄權票</u>。（沈國放）		
東帝汶問題	1999/9/11	S/PV.4043 根據聯合國憲章，安理會對國際和地區和平負有主要責任，<u>東帝汶問題的解決必須經過聯合國。派駐任何形式的維和部隊應首先由印尼政府提出要求並經安理會批准</u>。未表決。（秦華孫）	無決議。	認為維和行動必須事先同意且由聯合國授權。
	1999/9/15	S/PV.4045 未發言，<u>贊成票</u>。（沈國放）	S/RES/1264（1999） 根據聯合國憲章第七章採取行動，設立一支具有統一指揮結構的多國部隊（INTERFET），在東帝汶恢復和平與安全，保護和支援東帝汶特派團履行任務，在部隊能力範圍內協助人道主義援助行動，並授權參加多國部隊的國家採取一切必要措施履行這項任	同意支援和平行動（peace support operation）。

			務。	
獅子山共和國問題	1999/10/22	S/PV.4054 決議草案在一定程度上體現了安理會對非洲問題的重視與投入，中國代表團將投<u>贊成票</u>。（沈國放）	S/RES/1270 （1999） 決定立即設立聯合國獅子山特派團。根據<u>聯合國憲章第七章採取行動</u>，決定聯獅特派團在執行任務時可採取<u>必要行動</u>，確保其人員的安全和行動自由，並在部署地區於力所能及的範圍內向面臨人身暴力的急迫威脅的平民提供保護。	
東帝汶問題	1999/10/25	S/PV.4057 中國<u>全力支持並將派人參加</u>聯合國東帝汶過渡行政當局的工作。中國將對決議草案投<u>下贊成票</u>。 （沈國放）	S/RES/1272 （1999） 根據<u>聯合國憲章第七章採取行動</u>，決定設立聯合國東帝汶過渡行政當局，賦予管理東帝汶的全盤責任，授權它行使一切立法和行政權力，授權它採取<u>一切必要措施</u>完成其任務。	
獅子山共和國問題	2000/2/7	S/PV.4099 中方始終主張安理會應該即時以實際行動支持其和平進程。<u>考慮到獅子山目前局是及其政府的要求</u>，我們完全同意擴編聯獅特派團並賦予其新的職責。<u>贊成票</u>。（沈國放）	S/RES/1289 （2000） 決定將聯獅特派團的軍事部分擴大。根據<u>聯合國憲章第七章採取行動</u>，還決定修改聯獅特派	

			團的任務規定，授權其採取必要行動完成額外任務。	
	2000/5/19	S/PV.4145 未發言，贊成票。（王英凡）	S/RES/1299 （2000） 迅速加強聯獅特派團的軍事部分，向特派團提供更多資源，以執行其任務。	
阿富汗問題	2001/12/20	S/PV.4443 未發言。贊成票。（陳旭）	S/RES/1386 （2001） 根據聯合國憲章第七章採取行動，授權成立國際安全援助部隊，協助阿富汗臨時當局在喀布爾及其周圍地區維持安全，以便阿富汗臨時當局以及聯合國人員能夠在安全環境中工作。授權參加國際安全援助部隊的會員國採取一切必要措施履行任務	
東帝汶問題	2002/5/27	S/PV.4534 未發言，贊成票。（王英凡）	S/RES/1410 （2002） 決定設立聯合國東帝汶支助團。授權東帝汶支助團根據聯合國憲章第七章，在其任務期限內採取必要行動，以執行其任務。	

象牙海岸問題	2003/2/4	S/PV.4700 未發言,贊成票。(張義山)	S/RES/1464 (2003) 根據聯合國憲章第七章採取行動,按照關於象牙海岸問題的國家元首會議結論第14段中的建議 (S/2003/99),授權根據第八章參加西非經共體部隊的會員國和向它們提供支助的法國部隊採取必要步驟保證其人員的安全和行動自由。	
賴比瑞亞問題	2003/8/1	S/PV.4803 我們對安理會授權向賴比瑞亞派遣多國部隊表示歡迎。我們希望決議有助於穩定賴國局勢,有助於緩解人道主義危機。贊成票。(張義山)	S/RES/1497 (2003) 根據聯合國憲章第七章採取行動,授權會員國在賴比瑞亞設立一支多國部隊。授權參加駐賴比瑞亞多國部隊的會員國採取一切必要措施完成任務。	
	2003/9/19	S/PV.4830 未發言,贊成票。(張義山)	S/RES/1509 (2003) 根據聯合國憲章第七章採取行動,決定設立聯合國賴比瑞亞特派團,即第1479(2003)號決議要求設立的穩定部隊。保護聯合國人員、設施、裝置	

			和設備……確保聯合國人員的安全和行動自由，並在其能力範圍內保護面臨迫在眉睫的人身暴力威脅的平民。	
阿富汗問題	2003/10/13	S/PV.4840 未發言。贊成票。（王光亞）	S/RES/1510 （2003） 根據聯合國憲章第七章採取行動，授權擴大國際安全援助部隊的任務，讓它在資源允許情況下支助阿富汗過渡當局及其周圍以外的阿富汗各地區維持安全，以便阿富汗當局以及特別是參與重建和人道主義工作的聯合國人員和其他國際文職人員能夠在安全環境中工作。	
象牙海岸問題	2004/2/27	S/PV.4918 未發言，贊成票。（王光亞）	S/RES/1528 （2004） 根據聯合國憲章第七章採取行動，決定設立聯合國象牙海岸行動。授權聯象行動在其能力範圍和部署地區內使用一切必要手段執行任務。	

海地問題	2004/2/29	S/PV.4919 未發言。贊成票。(王光亞)	S/RES/1529 (2004) 根據聯合國憲章第七章採取行動,授權部署一支多國臨時部隊,採取履行其任務所必需的一切措施。	
	2004/4/30	S/PV.4961 未發言,贊成票。(王光亞)	S/RES/1542 (2004) 決定設立聯合國海地穩定特派團,根據聯合國憲章第七章採取行動。授權秘書長採取一切必要措施盡早部署聯海穩定團。	
浦隆地問題	2004/5/21	S/PV.4975 未發言,贊成票。(成竟亞)	S/RES/1545 (2004) 根據聯合國憲章第七章採取行動授權在浦隆地部署一個維持和平行動,稱為聯合國浦隆地行動。授權在其能力範圍和武裝部隊部署地區內,同從事人道主義和發展工作的人進行協調,使用一切必要手段執行任務。	
蘇丹問題	2004/7/30	S/PV.5015 安理會應多聽取非盟的意見,所要採取的行動應有助於爭取蘇丹政府的合作,有助於	S/RES/1556 (2004) 根據聯合國憲章第七章採取行動,贊	反對未取得事先同意而進行維和行動。

		促進問題的解決，有助於維護蘇丹的和平與穩定。美國等提出的決議草案雖然進行了修改，但仍然包含威脅對蘇丹政府採取強制性措施的內容。棄權票。（張義山）	同在非洲聯盟的領導下向蘇丹達佛地區部署國際監測員，包括非洲聯盟設想的保護部隊。鼓勵秘書長蘇丹問題特別代表和人權委員會的獨立專家與蘇丹政府密切合作，支持對達佛地區侵犯人權和違反國際人道主義法的情況進行獨立調查。	
	2004/9/18	S/PV.5040 中方對決議草案有是嚴重保留的，擔心它將無助於促進問題的解決。鑒於當前核心工作是支持非盟在達爾富爾擴大部署。中方反對制裁的立場沒有任何變化。我們一向認為，制裁無助於解決複雜問題，甚至會使問題更加複雜化。棄權票。（王光亞）	S/RES/1564 （2004） 歡迎並支持非洲聯盟擬增強和擴充其駐蘇丹達佛監測團的意向。如果蘇丹政府沒有全面遵守第 1556（2004）號決議或本決議，安理會應考慮採取聯合國憲章第四十一條規定的其他措施，如針對蘇丹石油部門、蘇丹政府或蘇丹政府個別成員的行動，以便採取有效行動，促使全面遵守決議或提供充分合作。	

| | 2005/3/24 | S/PV.5151
未發言，贊成票。（王光亞） | S/RES/1590
（2005）
決定設立聯合國蘇丹特派團。根據聯合國憲章第七章採取行動，決定授權聯蘇特派團在其部隊部署地區採取自認力所能及的必要行動，保護聯合國人員、設施、裝置和裝備，保證聯合國人員、人道主義工作人員、聯合評估機制及評估和評價委員會人員的安全和行動自由，並在不影響蘇丹政府應負責任的情況下，保護人身隨時會受到暴力威脅的平民。 | 同意支援和平行動。 |
| 北韓問題 | 2006/7/15 | S/PV.5490
作為朝鮮的近鄰，中國對半島局勢出現的一些新的複雜因素表示嚴重關切。我們一向致力於維護朝鮮半島和平穩定，堅持通過對話談判和平解決半島有關問題。我們反對任何導致半島局勢緊張的行動。贊成票。（王光亞） | S/RES/1695
（2006）
譴責北韓於 2006年 7 月 5 日發射多枚彈道導彈；要求北韓暫停所有與彈道導彈計畫有關的活動，並就此重新作出其原先關於暫停發射導彈的承諾。特別向北韓強調，需要表現出克制，不要採取任何可能加劇緊張局勢 | 首次在安理會中譴責北韓。 |

			的行動，繼續通過政治和外交努力解決不擴散關切。	
東帝汶問題	2006/8/25	S/PV.5516 未發言，<u>贊成票</u>。（劉振民）	S/RES/1704 （2006） 決定設立東帝汶後續特派團，即聯合國東帝汶綜合特派團。又決定東帝汶綜合團將有適當的文職部門，最多可有 1608 名警員，且初期最多可有 34 名軍事聯絡官和參謀。	同意支援和平行動。
蘇丹達佛問題	2006/8/31	S/PV.5519 我們一直建議提案國在案文中寫明「徵得蘇丹政府同意」這一安理會固定和慣用措辭，同時敦促提案國慎重考慮表決的時機。遺憾的是，提案國未能認真聽取和採納中方的忠言相勸。鑒於對通過決議的時機和案文措辭本身均有保留，中方只能對決議投<u>棄權</u>票。（王光亞）	S/RES/1706 （2006） 決定加強聯蘇特派團的實力，最多可增至17300名軍事人員。根據聯合國憲章第七章採取行動，決定授權聯蘇特派團在其認為力所能及的情況下採取一切必要的手段保護聯合國人員、設施、裝置和裝備，保障聯合國人員、人道主義工作者及評估和評價委員會人員的安全和行動自由。	反對未取得事先同意而進行維和行動。
北韓問題	2006/10/14	S/PV.5551 北韓悍然實施核子試驗，此舉不利於東北亞地區的和平與	S/RES/1718 （2006） 根據聯合國憲章第	再次譴責北韓。

		穩定。中國外交部當日即發表聲明，對此予以堅決反對。從推動實現朝鮮半島無核化、維護半島和東北亞地區的和平與穩定的大局出發，中方贊同安理會作出有力而適度的反應。贊成票。（王光亞）	七章採取行動，要求北韓不再進行任何核子試驗或發射彈道導彈。北韓朝鮮應暫停所有與彈道導彈計畫相關的活動，並就此重新作出其原先關於暫停發射導彈的承諾。	
緬甸問題	2007/1/12	S/PV.5619 緬甸問題本質上仍是一國內政，緬甸國內局勢並未對國際與地區和平與安全構成威脅。中方始終認為，緬甸內部事務應主要由緬甸政府與人民自主協商解決，國際社會可提供建設性幫助，但絕不能強行干預。中方明確反對安理會將緬甸問題列入議程，更堅決反對安理會通過任何形式的緬甸問題決議。反對票。（王光亞）	決議草案未被採納。 原草案（S/2007/14）內容：呼籲緬甸政府停止對少數民族地區平民進行軍事襲擊，尤其立即終止武裝部隊成員針對少數民族的相關的侵犯人權和違反人道主義法行為。又呼籲緬甸政府允許國際人道主義組織不受限制地開展工作，以滿足緬甸人民的人道主義需求。呼籲緬甸政府毫不拖延地開展促成真正民主過渡的實質性政治對話。又呼籲緬甸政府採取具體步驟，無條件釋放翁山蘇姬和所有政治犯，解除對所有政治領袖和	反對干涉內政。

			公民的限制，讓全國民主聯盟和其他政黨自由開展活動，允許享有充分的言論、結社和行動自由。	
蘇丹達佛問題	2007/7/31	S/PV.5727 特別需要強調的是，這項決議的目的，是授權啓動「混合行動」，而非進行施壓或制裁。在整個磋商進程中，中國始終堅持決議應簡單明瞭，集中體現安理會授權部署「混合行動」這一核心內容。儘管案文仍有可以改進和完善的餘地，但中方認為基本體現了上述精神。基於此，中方對決議投了贊成票。（王光亞）	S/RES/1769 （2007） 根據聯合國憲章第七章採取行動，決定授權達佛混合行動在其部隊部署區內，並在其認為力所能及的情況下，採取一切必要的行動。	同意支援和平行動。
查德－中非共和國問題	2007/9/25	S/PV.5748 未發言。贊成票。（李軍華）	S/RES/1778 （2007） 決定成立聯合國中非共和國和查德特派團，負責同聯合國國家工作隊聯絡，執行保護平民、人權法治等任務。根據聯合國憲章第七章採取行動，授權歐洲聯盟部署一項「歐洲聯盟行動」，並決定授權該行動在能力所及範圍內，在查德東部和中非共和國東北部的行動區採取一切必要措	

			施，幫助平民並維持當地安全以及人道主義救援工作。	

資料來源：

　　聯合國安理會各年度決議及會議紀錄全文。

　　http://www.un.org/chinese/aboutun/prinorgs/sc/pv/other_years.htm（2008/3/17 查詢）

製表：李俊毅　2008/3/21

附錄四　中國歷年參與維和行動之組成比例

1995-1999

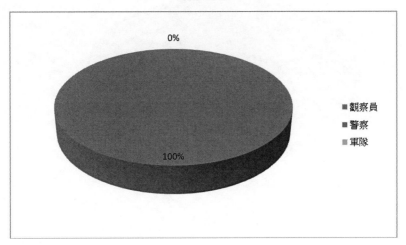

2000

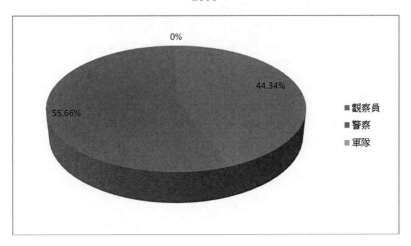

2001

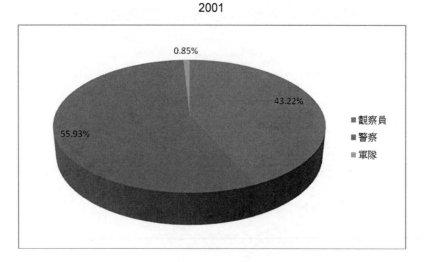

2002

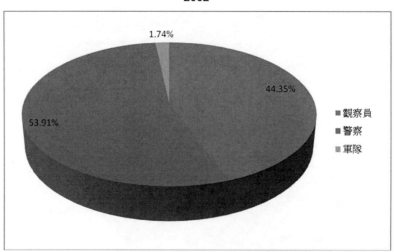

2003

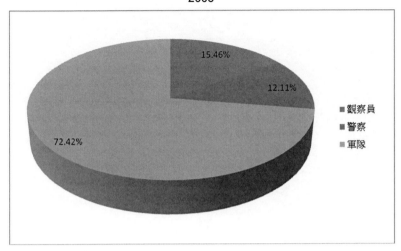

2004

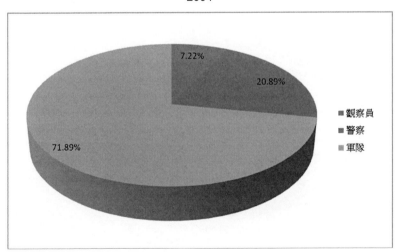

2005

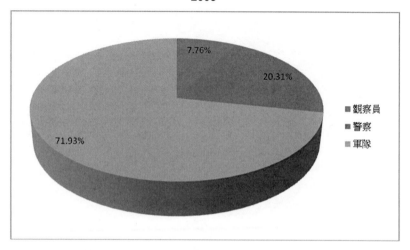

2006

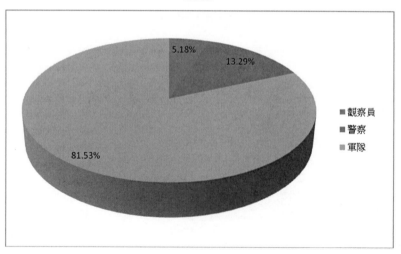

2007

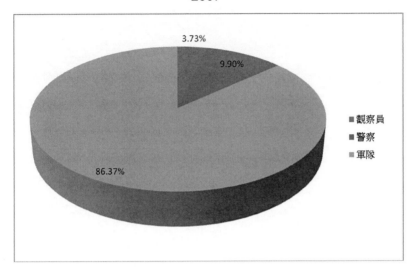

2008/4

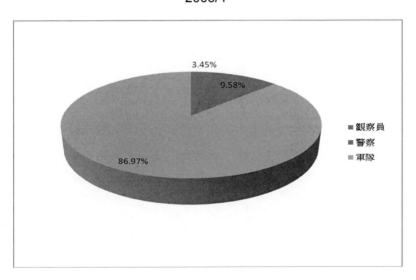

附錄五　中國歷年參與維和行動組成情形圖示
（1995-2008／4）

（橫座標表示該年參與人數總合）

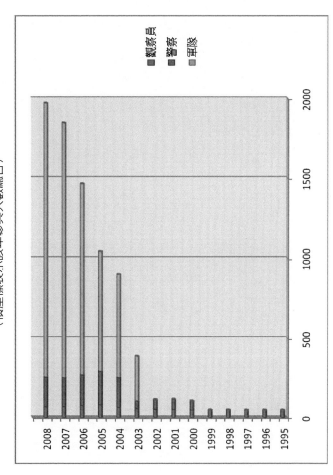

附錄六　中國歷年參與維和行動成長率及圖示（1995-2008／4）

	中國參與總數	中國成長率%	聯合國參與總數	聯合國增長率%
1995	48	0.00	60593	0
1996	48	0.00	26032	-57.04
1997	48	0.00	20968	-19.45
1998	49	2.08	14169	-32.43
1999	49	0.00	13666	-3.55
2000	106	116.33	33877	147.89
2001	118	11.32	44343	30.89
2002	115	-2.54	44516	0.39
2003	388	237.39	38951	-12.50
2004	900	131.96	57327	47.18
2005	1044	16.00	67507	17.76
2006	1467	40.52	75340	11.60
2007	1849	26.04	83215	10.45
2008/4	1971	6.60	89772	7.88

製表：李俊毅　2008/5/15

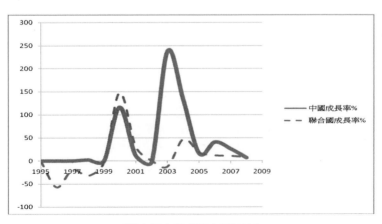

（縱座標表示成長率百分比）

附錄四、五、六製圖：李俊毅 2008/5/15

附錄七 中國參與聯合國維和行動大事紀

時間	事由
1949-1971	不是聯合國會員國，沒有參與機會
1971-1979	觀望、消極
1981	表示原則上支持符合聯合國憲章的維和行動
1982	開始承擔聯合國維和行動費用的攤款
1986	繳納過去拒絕承擔的全部費用
1986/3	第六屆全國人大第 4 次會議通過「政府工作報告」，明確指出將積極參與聯合國有利世界和平與發展的各項工作
1988/12	正式加入聯合國維和行動特別委員會
1989/1	首次派遣軍事觀察員赴中東執行任務
1992/4	首次派遣軍事工程大隊赴柬埔寨執行任務
1997/5	宣布原則上同意參加聯合國維和行動的待命安排制度
1998/8	中共中央批准「關於建議選派民事警察參加聯合國維和行動的請示」。公安部成立「中國維和民事警察事務領導小組」及「公安部外事局維和處」
1998/11	首次派遣警官參與聯合國官辦維和警察培訓班
1999/5	舉辦首批民事警察培訓班（首期由解放軍國際學院舉辦）
2000	分攤的維和行動費用為 0.995%
2000/1	首次派遣維和民事警察赴東帝汶執行任務
2000/3	公安部長賈春旺批示在武警學院成立「中國維和民事警察培訓中心」
2000/6	中英首次舉辦維和研討會
2000/8	「中國維和民事警察培訓中心」舉行揭牌儀式
2001	分攤的維和行動費用為 1.89-1.93%（2001~2003）
2001/3	公安部批准武警學院成立「維和培訓部」
2001/11	舉辦亞洲地區維和民事警察培訓班
2001/12	成立「國防部維和事務辦公室」
2002/2	加入第一級維和行動待命機制
2002/8	於北平廊坊武警學院內成立亞洲最大維和警察培訓中心
2003	成立解放軍維和部隊訓練中心
2003/3	舉辦中英維和研討會
2004	分攤的維和行動費用為 2.50-2.52%（2004~2006）
2004/6	組建首支維和警察防暴隊赴海地執行任務
2005/3	舉辦中英維和研討會
2005/6	發表「中國關於聯合國改革問題的立場文件」
2007	分攤的維和行動費用為 3.23%（2007~2009）
2007/3	舉辦中挪維和研討會
2007/9	中國少將首次擔任維和部隊高級指揮官
2007/11	舉辦中國——東協維和研討會

製表：李俊毅 2008/5/13

參考書目

中文書目

中文專書

中共中央文獻編輯委員會。《鄧小平文選第三卷》。北京：人民出版社，1994 年 10 月。

王逸舟著。《國際政治學：歷史與理論》。台北：五南出版社，1999 年。

王逸舟主編。《磨合中的建構：中國與國際組織關係的多視角透視》。北京：中國發展出版社，2003 年 3 月。

王逸舟著。《全球政治與中國外交》。北京：世界知識出版社，2003 年 12 月。

王逸舟主編。《中國國際關係研究 1995-2005》。北京：北京大學出版社，2006 年 8 月。

石之瑜著。《社會科學方法新論》。台北：五南圖書出版公司，2003 年 2 月。

伊麗莎白·埃克諾米（Elizabeth Economy）、米歇爾·奧克森伯格（Michel Oksenberg）主編。《中國參與世界》。北京：新華出版社，2000 年。

江憶恩、羅斯主編。《與中國接觸：應對一個崛起的大國》。北京：新華出版社，2001 年 1 月。

李景治、羅天虹等著。《國際戰略學》。北京：中國人民大學出版社，2003 年 12 月。

李少軍主編。《國際戰略報告：理論體系、現實挑戰與中國的選擇》。北京：中國社會科學出版社，2004 年。

阿拉斯泰爾·伊恩·約翰斯頓（Alastair Iain Johnston）、羅伯特·羅斯（Robert Ross）主編。《與中國接觸：應對一個崛起的大國》。北京：新華出版社，2001 年 5 月。

門洪華著。《建構中國大戰略的框架：國家實力、戰略觀念與國際制度》。
　　北京：北京大學出版社，2005 年 2 月。

紀登斯（Anthony Giddens）著、鄭武國譯。《第三條路：社會民主的更新》。
　　台北：聯經出版事業公司，1999 年。

風笑天著。《社會科學研究方法》。北京：中國人民大學出版社，2001 年。

夏建平著。《認同與國際合作》。北京：世界知識出版社，2006 年 11 月。

倪世雄著，包宗和校訂。《當代國際關係理論》。台北：五南出版社，
　　2003 年。

宮力、劉德喜、劉建飛、王紅續著。《和平為上：中國對外戰略的歷史與
　　現實》。北京：九州出版社，2007 年 3 月。

張登及著。《建構中國：不確定世界中的大國定位與大國外交》。台北：
　　揚智文化有限公司，2003 年。

陳佩堯、夏立平主編。《新世紀機遇期與中國國際戰略》。北京：時事出
　　版社，2004 年 9 月。

陳佩堯、夏立平主編。《國際戰略縱橫第一輯》。北京：時事出版社，2005
　　年 9 月。

康紹邦、宮力著。《國際戰略新論》。北京：解放軍出版社，2006 年 8 月。

鈕先鍾著。《戰略研究入門》。台北：麥田出版股份有限公司，1998 年 9 月。

楊永明著。《國際安全與國際法》。台北：元照出版社，2003 年。

楊永明著。《國際安全與國際法》。台北：元照出版社，2008 年 4 月。

熊光楷著。《國際戰略與新軍事變革》。北京：清華大學出版社，2003
　　年 10 月。

趙磊著。《建構和平：中國對聯合國外交行為的演進》。北京：九州出版
　　社，2007 年 9 月。

閻學通著。《中國國家利益分析》。天津：天津人民出版社，1997 年。

閻學通、孫學峰著。《國際關係研究實用方法》。北京：人民出版社，2001
　　年 9 月。

閻學通、孫學峰等著。《中國崛起及其戰略》。北京：北京大學出版社，
　　2005 年 12 月。

韓源等著。《全球化與中國大戰略》。北京：中國社會科學出版社，2005
　　年12月。

C. Frankfort-Nachmias、David Nachmias著，潘明宏、陳志瑋譯。《最新
　　社會科學研究法》。台北：韋伯文化國際出版公司，2003年2月。

中文專文與期刊

王逸舟。〈面向21世紀的中國外交：三種需求的尋求及其平衡〉；金燦
　　榮主編。《中國學者看世界：大國戰略卷》。香港：和平圖書有限公
　　司，2006年7月。

王世誼。〈論中共三代領導集體全球戰略觀的演變〉；金燦榮主編。《中國
　　學者看世界：大國戰略卷》。香港：和平圖書有限公司，2006年7月。

江憶恩（Alastair Iain Johnston）。〈中國和國際制度：來自中國之外的視
　　角〉；王逸舟主編。《磨合中的建構：中國與國際組織關係的多視角
　　透視》。北京：中國發展出版社，2003年3月。

任晶晶。〈聯合國的昨天、今天與明天——「紀念聯合國成立六十週年：
　　歷史回顧、改革前景與中國作用學術研討會綜述」〉，《世界經濟與
　　政治》。2005年第3期。

李寶俊、徐正源。〈冷戰後中國負責任大國身份的建構〉，《教學與研究》。
　　2006年第1期。

李俊毅。〈北京的儒學外交〉，《展望與探索》。第6卷第5期，2008
　　年5月。

門洪華。〈國際機制與中國的戰略選擇〉，《中國社會科學》。2001年
　　第2期。

林文程。〈中共對聯合國維持和平行動之參與〉，《兩岸與國際事務季刊》。
　　第1卷第1期，2004年1月。

俞可平。〈和諧世界理念下的中國外交〉，《瞭望》。2007年第17期，
　　2007年4月23日。

馬曉春、吳旭。〈解讀聯合國維和行動〉，《解放軍生活》。2003年4月。

徐緯地。〈搖擺與徬徨中的探索：聯合國維和行動面臨的困難與挑戰〉，《世界經濟與政治》。2005 年第 5 期。

唐永勝。〈聯合國維和機制的演變及決定其未來走勢的主要因素〉，《世界經濟與政治》。2001 年第 5 期。

唐永勝。〈中國與聯合國維和行動〉，《世界經濟與政治》。2002 年第 9 期。

唐永勝。〈中國對聯合國維和機制的參與〉；王逸舟主編。《磨合中的建構：中國與國際組織關係的多視角透視》。北京：中國發展出版社，2003 年 3 月。

秦亞青。〈多邊主義研究：理論與方法〉，《世界經濟與政治》。2001 年第 10 期。

秦亞青。〈國家身分、戰略文化和安全利益：關於中國與國際社會關係的三個假設〉，《世界經濟與政治》。2003 年第 1 期。

高太存。〈建設中的中國維和民事警察培訓中心〉，《公安教育》。2002 年第 1 期。

陳岳。〈當前國際格局的基本特點和發展趨勢〉，《求是》。1999 年第 14 期。

陳向陽。〈務實王道睦鄰外交〉，《江南社會學院學報》。第 6 卷第 4 期，2004 年 12 月。

陸建新。〈聯合國維和行動：現狀與挑戰〉，《世界經濟與政治論壇》。2005 年第 3 期。

張妍。〈傳統文化與中國外交〉，《國際關係學院學報》。1998 年第 3 期。

張振聲。〈論我國維和民事警察的心理選拔〉，《公安大學學報》。2002 年第 2 期，總第 96 期。

張登及。〈冷戰後中共參與國際組織的歷程：一個概觀〉，《中國事務》。第九期，2002 年 7 月。

張慧玉。〈中國對聯合國維和行動的貢獻〉，《武警學院學報》。第 20 卷第 5 期，2004 年 10 月。

張清敏。〈冷戰後中國參與多邊外交的特點分析〉，《國際論壇》。2006 年第 2 期。

張書瑋。〈中共「和平崛起」論的轉變與戰略架構意涵〉,《國防雜誌》。
　　第 22 卷第 2 期,2007 年 4 月。

張雅君。〈中國參與聯合國維和行動的安全認知及其意涵〉,《國際關係
　　學會首屆年會暨台灣與國際關係的新紀元研討會論文》。2008 年 5
　　月 10 日。

蔡拓。〈全球化時代國家利益的定位與維護〉;王逸舟主編。《中國學者
　　看世界:國家利益卷》。香港:和平圖書有限公司,2006 年 7 月。

黃俊、曾振宇、鄭雙雁。〈維和先鋒:中國維和民事警察培訓中心揭密〉,
　　《輕兵器》。2006 年第 1 期下半月版。

劉宏松。〈聲譽、責任與公正:中國多邊外交的三種需求〉,《國際觀察》。
　　2004 年第 4 期。

趙宇。〈論中國民事警察參與聯合國維和行動的意義〉,《中國人民公安
　　大學學報》。2004 年第 3 期,總第 109 期。

趙宇。〈從對外政策層面解讀我國維和警務與外交的互動〉,《中國人民
　　公安大學學報》。2005 年第 5 期,總第 117 期。

瞿志文。〈聯合國維和民事警察應具備的素質和能力〉,《武警學院學報》。
　　2002 年 4 月,第 18 卷第 2 期。

龐森。〈聯合國維和行動:趨勢與挑戰〉,《世界經濟與政治》。2007
　　年第 6 期。

蘇長和。〈中國與國際制度:一項研究議程〉,《世界經濟與政治》。2002
　　年第 10 期。

蘇長和。〈發現中國新外交:多邊國際制度與中國外交新思維〉,《世界
　　經濟與政治》。2005 年第 4 期。

蘇長和。〈世界政治的轉換與中國外交研究中的問題〉,《教學與研究》。
　　2005 年第 11 期。

蘇杰。〈中國維和警察防暴隊在海地〉,《瞭望》。2007 年第 46 期。

中文學位論文

曾立仁著。《從國際建制的規範析論國際反恐合作：以上海合作組織為例》。台中：東海大學政治研究所碩士論文，2006 年 6 月。

羅永青著。《後冷戰時期中共的環境外交：以聯合國氣候變化綱要公約的參與為例》。高雄：國立中山大學大陸研究所碩士論文，2002 年 7 月。

中文官方文件

《中華民國八十八年外交年鑑（網路版）》。中華民國外交部。2000 年 6 月。http://multilingual.mofa.gov.tw/web/web_UTF-8/almanac/mo3/chapter1-4.htm（2008/4/2 查詢）

《2004 年中國的國防》。中國國務院新聞辦公室。2004 年 12 月。http://www.china.com.cn/ch-book/20041227/17.htm（2008/3/9 查詢）

《中國關於聯合國改革問題的立場文件》。中國國務院新聞辦公室。2005 年 6 月 7 日。http://www.fmprc.gov.cn/ce/ceun/chn/xw/t199100.htm（2008/3/19 查詢）

《和平、發展、合作──李肇星外長談新時期中國外交的旗幟》。中國外交部。2005 年 8 月 22 日。http://www.fmprc.gov.cn/chn/wjdt/wjzc/t208030.htm（2008/2/28 查詢）

《中國的和平發展道路白皮書》。中國國務院新聞辦公室。2005 年 12 月。

《張義山大使在聯大維和行動特別委員會 2006 年例會上的發言》。中國常駐聯合國代表團。2006 年 2 月 7 日。http://www.china-un.org/chn/zgylhg/zzyaq/whxd/t237290.htm（2008/3/26 查詢）

《崔天凱部長助理在中挪維和研討會開幕式上的發言》。中國外交部。2007 年 3 月 26 日。http://www.fmprc.gov.cn/chn/wjb/zzjg/gjs/gjzzyhy/1115/1122/t306368.htm（2008/3/24 查詢）

《楊潔篪外長在中國與聯合國及其他國際組織駐華機構新年聯誼會上的
　　致詞》。中國外交部。2007 年 12 月 19 日。
　　http://www.fmprc.gov.cn/chn/wjb/zzjg/gjs/gjzzzhjg/t391251.htm
　　（2008/3/19 查詢）

中文報紙與網路資料

〈邁向新的發展歷程——第五十屆聯大展望〉，《人民日報》，1995 年 9
　　月 19 日，第 6 版。
〈江澤民於中國共產黨第十五屆黨代表大會中的報告內容：高舉鄧小平理
　　論偉大旗幟，把建設有中國特色的社會主義事業全面推向二十一世
　　紀〉，《中央電視台》，1997 年 9 月 19 日。
　　http://big5.cctv.com/special/777/1/51883.html（2008/3/23 查詢）
〈江澤民在聯合國千年首腦會議上的講話〉，《新華網》，2000 年 9 月 6
　　日，http://202.84.17.11/world/htm/20000907/103358.htm（2008/3/19 查詢）
〈胡錦濤在俄演講　闡述國際政治經濟新秩序五主張〉，《華夏經緯網》，
　　2003 年 8 月 7 日。http://big5.huaxia.com/zt/2003-13/150165.html
　　（2008/3/3 號查詢）
〈關於加強黨執政能力建設的決定〉，《新華網》，2004 年 9 月 26 日。
　　http://news.xinhuanet.com/newscenter/2004-09/26/content_2024232.htm
　　（2008/2/28 查詢）
〈中英維和研討會召開　兩國同意改革維和行動〉，《新浪網》，2005
　　年 3 月 23 日。http://news.sina.com.cn/c/2005-03-23/05245434961s.shtml
　　（2008/3/24 查詢）
〈建構社會主義和諧社會〉，《新華網》，2005 年 3 月 23 日。
　　http://news.xinhuanet.com/ziliao/2005-03-23/content_2732356.htm
　　（2008/2/28 查詢）
〈非洲：中國石油戰略新重點〉，《BBC 中文網》，2005 年 6 月 13 日。
　　http://news.bbc.co.uk/chinese/trad/low/newsid_4080000/newsid_408270
　　0/4082700.stm（2008/3/20 查詢）

〈外交部闡述中方對聯合國首腦會議主張的四重點〉，《中國網》，2005
　　年 9 月 14 日。
　　http://big5.china.com.cn/chinese/zhuanti/lhg60n/969893.htm（2008/3/18
　　查詢）

〈胡錦濤：「努力建設持久和平、共同繁榮的和諧世界」〉，《中國網》，
　　2005 年 9 月 16 日。http://www.china.com.cn/chinese/news/971778.htm
　　（2008/2/28 查詢）

〈中國重返聯合國之初〉，《中國新聞週刊》。2005 年 9 月 19 日，總第
　　245 期。http://www.chinanewsweek.com.cn/2005-09-25/1/6364.html
　　（2008/3/21 查詢）

〈攜手建設持久和平、共同繁榮的和諧亞洲〉，《人民網》，2006 年 6
　　月 18 日。http://politics.people.com.cn/GB/1024/4496181.html
　　（2008/2/28 查詢）

〈和平發展首次作為國家戰略提出意義重大〉，《新華網》，2005 年 3 月
　　12 日。http://www.202.108.249.200/news/china/20050312/100257.htm
　　（2008/2/28 查詢）

〈我首任維和部隊高級指揮官軍人赴任〉，《解放軍報》，2007 年 9 月 9 日。
　　http://www.chinamil.com.cn/site1/big5/xwpdxw/2007-09/09/content_944
　　122.htm（2008/3/24 查詢）

〈中國——東盟維和研討會在京舉行　100 餘名代表參加〉，《新華社》，
　　2007 年 11 月 19 日。
　　http://big5.gov.cn/gate/big5/www.gov.cn/jrzg/2007-11/19/content_809700.htm
　　（2008/3/24 查詢）

〈中國人紛紛進入國際組織高層引注目〉，《環球時報》，2008 年 1 月 22 日。
　　http://www.pladaily.com.cn/site1/xwpdxw/2008-01/22/content_1098184.
　　htm（2008/3/24 查詢）

〈中英外長會談　英重申不支持台當局搞入聯公投〉，《新浪網》，2008
　　年 2 月 28 日。
　　http://news.sina.com.ch/ch/phoenixtv/102-101-101-102/2008-02-28/030027
　　00370.html（2008/3/24 查詢）

英文書目

英文專書

Chayes, Abram. and Chayes, Antonia Handler. *The New Sovereignty: Compliance with International Regulatory Agreements*. Cambridge: Harvard University Press, 1995.

Crawford, Robert. *Regime Theory in the Post-Cold War World : Rethinking Neoliberal Approaches to International Relations*. USA: Dartmouth Publishing Group, 1996.

Dougherty, James E. and Pfaltzgraff, Jr., Robert L. *Contending Theories of International Relations*, 5th edition. New York: Addison Wesley Longman, 2001.

Gill, Bates. *Rising Star: China's New Security Diplomacy*. Washington D.C.: The Brookings Institution Press, 2007.

Gilpin, Robert. *War and Change in World Politics*. New York: Cambridge Press, 1981.

Goldstein, Avery. *Rising to the Challenge: China's Grand Strategy and International Security*. California: Stanford University Press, 2005.

Hasenclever, Andreas. Mayer, Peter. and Rittberger, Volker. *Theories of International Regimes*. Cambridge: Cambridge University Press, 1997.

Hirst, Paul. and Thompson, Graham. *Globalization in Question: the International Economy and the Possibilities of Governance*. MA: Blackwell Publishers, 1999.

Jannuzi, Frank S. *U.S.-China Relations: An Affirmative Agenda, A Responsible Course*. New York: Council of Foreign Affairs Press, 2007.

Johnston, Alastair Iain. *Social States: China in International Institutions, 1980-2000*. New Jersey: Princeton University Press, 2008.

Keohane, Robert O. *After Hegemony*. Princeton: Princeton University Press, 1984.

Keohane, Robert O. *International Institution and State Power: Essays in International Relations Theory*. Boulder: Westview Press, 1989.

Kim, Samuel S. *China, the United Nations and World Order*. New Jersey: Princeton University Press, 1979.

Krasner, Stephen. ed., *International Regimes*. Ithaca: Cornell University Press, 1983.

Lanteigne, Marc. *China and International Institutions: Alternate paths to global power*. New York: Routledge, 2005.

Macqueen, Norrie. *The United Nations Since 1945: Peacekeeping and the Cold War*. London: Longman, 1999.

Morgenthau, Hans. *Politics Among Nations*. New York: Alfred A. Knopf, 1978.

Oye, Kenneth A. ed. *Cooperation under Anarchy*. New Jersey: Princeton University Press, 1985.

Rittberger, Volker., ed. *Regime Theory and International Relations*. Oxford: Clarendon Press, 1993.

Sutter, Robert G. *China's rise in Asia: promises and perils*. Maryland: Rowman & Littlefield Publishers, 2005.

Swaine, Michael D. and Tellis, Ashley J. *Interpreting China's Grand Strategy: Past, Present and Future*. Santa Monica: Rand, 2000.

Utley, Rachel E. *Major Power and Peacekeeping: Perspectives, Priorities and Challenges of Military Intervention*. USA: Ashgate Publishing Company, 2006.

Zhao, Suisheng. *Chinese Foreign Policy: Pragmatism and Strategic Behavior*. New York: East Gate Book, 2004.

英文專文與期刊

Bell, Daniel A. "From Marx to Confucius," *Dissent*, Spring 2007.

Carlson, Allen. "More than Just Saying No: China's Evolving Approach to Sovereignty and Intervention since Tiananmen," in Johnston, Alastair

Iain. and Ross, Robert S. eds., *New Directions in the Study of China's Foreign Policy*. California: Stanford University Press, 2006.

Christensen, Thomas "Fostering Stability or Creating a Monster? The Rise of China and US Policy toward East Asia," *International Security*, v. 31, n. 1, Summer 2006.

Deng, Yong "Better than Power: 'International Status' in Chinese Foreign Policy," in Deng, Yong and Wang, Fei-Ling. eds., *China Rising: Power and Motivation in Chinese Foreign Policy*. Maryland: Rowman & Littlefield Publishing, 2005.

Economy, Elizabeth. "The Impact of International Regimes on Chinese Foreign Policy-Making: Broadening Perspectives and Policies······But Only to a Point," in Lampton, David M. ed., *The Making of Chinese Foreign and Security Policy in the Era of Reform, 1987-2000*. California: Stanford University Press, 2001.

Gill, Bates. and Reilly, James. "Sovereignty, Intervention and Peacekeeping: The View from Beijing," *Survival*, v. 42, n. 3, Autumn 2000.

Gill, Bates. "Two Steps Forward, One Step Back: The Dynamics of Chinese Nonproliferation and Arms Control Policy-Making in an Era of Reform," in Lampton, David M. ed., *The Making of Chinese Foreign and Security Policy in the Era of Reform, 1987-2000*. California: Stanford University Press, 2001.

Haggard, Stephen. and Simmons, Beth A. "Theories of International Regimes," *International Organization*, v41, n3. Summer 1987.

Hartley, Owen A. and Utley, Rachel E. "Introduction," in Utley, Rachel E. ed., *Major Power and Peacekeeping: Perspectives, Priorities and the Challenges of Military Intervention*. Burlington: Ashgate Publishing, 2006.

HE, Yin. "China's Changing Policy on UN Peacekeeping Operations," *Asia Paper published by the Institute for Security and Development Policy* （Sweden）. July 2007.

Jianguo, Li. "China Threat?" *Beijing Review*, July 7, 2005.

Johnston, Alastair Iain. "International Structures and Chinese Foreign Policy," in Kim, Samuel S. ed., *China and the World*. Colorado: Westview Press, 1998.

Keohane, Robert O. "The Analysis of International Regimes: Towards a European-American Research Programme," in Rittberger, Volker., ed. *Regime Theory and International Relations*. Oxford: Clarendon Press, 1993.

Kim, Samuel S. "China's International Organizational Behaviour," in Robinson, Thomas W. and Shambaugh, David. eds., *Chinese Foreign Policy: Theory & Practice*. New York: Oxford University Press, 1994.

Kim, Samuel S. "Chinese Foreign Policy Faces Globalization Challenges," in Johnston, Alastair Iain. and Ross, Robert S. eds., *New Directions in the Study of China's Foreign Policy*. California: Stanford University Press, 2006.

Kleine-Ahlbrandt, Stephanie. and Small, Andrew. "China's New Dictatorship Diplomacy: Is Beijing Parting with Pariahs?" *Foreign Affairs*, January/February 2008.

Krasner, Stephen. "Structural Causes and Regime Consequences: Regimes as Intervening Variables," in Krasner, Stephen. ed., *International Regimes*. Ithaca: Cornell University Press, 1983.

Lampton, David M. "China's Foreign and National Security Policy-Making Process: Is It Changing, and Does It Matter?" in Lampton, David M. ed., *The Making of Chinese Foreign and Security Policy in the Era of Reform, 1987-2000*. California: Stanford University Press, 2001.

Medeiros, Evan S. and Fravel, Taylor. "China's New Diplomacy," *Foreign Affairs*, November/December 2003.

Moore, Thomas G. and Yang, Dixia. "Empowered and Restrained: Chinese Foreign Policy in the Age of Economic Interdependence," in Lampton, David M. ed., *The Making of Chinese Foreign and Security Policy in the Era of Reform, 1987-2000*. California: Stanford University Press, 2001.

Puchala, Donald. and Hopkins, Raymond. "International Regimes: Lessons From Inductive Analysis," in Krasner, Stephen. ed., *International Regimes*. Ithaca: Cornell University Press, 1983.

Rawnsley, Gray D. "May You Live in Interesting Times: China, Japan and Peacekeeping," in Utley, Rachel E. ed., *Major Power and Peacekeeping: Perspectives, Priorities and the Challenges of Military Intervention*. Burlington: Ashgate Publishing, 2006.

Rittberger, Volker. "Research on International Regimes in Germany: The Adaptive Internalization of American Social Science Concept," in Rittberger, Volker., ed. *Regime Theory and International Relations*. Oxford: Clarendon Press, 1993.

Robinson, Thomas W. "Interdependence in China's Post-Cold War Foreign Relations," in Kim, Samuel S. ed., *China and the World*. Colorado: Westview Press, 1998.

Ross, Robert S. and Johnston, Alastair Iain. "Introduction," in Johnston, Alastair Iain. and Ross, Robert S. eds., *New Directions in the Study of China's Foreign Policy*. California: Stanford University Press, 2006.

Schnabel, Albrecht "Humanitarian Intervention: A Conceptual Analysis," in Macfarlance, Neil. and Ehrhart, Hans-George. eds., *Peacekeeping at a Crossroads*. Ottawa: Canadian Peacekeeping Press, 1998.

Stein, Arthur A. "Coordination and Collaboration: Regimes in an Anarchic World," in Krasner, Stephen. ed., *International Regimes*. Ithaca: Cornell University Press, 1983.

Stott, Brian. "Launch of Peacekeeping Project in China," *Peacekeeping English Project*, Issue 29, February 2008.

Strange, Susan. "Cave! Hic Dragons: A Critic of Regime Analysis," in Krasner, Stephen. ed., *International Regimes*. Ithaca: Cornell University Press, 1983.

Thompson, Drew. "Beijing's Participation in UN Peacekeeping Operations," *China Brief*, v.5, issue 11, May 10, 2005.

Young, Oran. "International Regimes: Toward a New Theory of Institutions," *World Politics*, v39, n1, 1987.

Young, Oran. "Global Environmental Change and International Governance," *Millennium: Journal of International Studies*, v19, n3, 1990.

Wang, Jianwei. "Managing Conflict: Chinese Perspectives on Multilateral Diplomacy and Collective Security," in Deng, Yong. and Wang, Fei-Ling. eds., *In the Eyes of the Dragon: China Views the World*. Maryland: Rowman & Littlefield, 1999.

Wang, Jianwei. "China's Multilateral Diplomacy in the New Millennium," in Deng, Yong. and Wang, Fei-Ling. eds., *In the Eyes of the Dragon: China Views the World*. Maryland: Rowman & Littlefield, 1999.

Wendt, Alexander. "Anarchy is What States Make of It: The Social Construction of Power Politics," *International Organization*, v46, n2, Spring 1992.

Xinbo, Wu. "Four Contradictions Constraining China's Foreign Policy Behavior," in Zhao, Suisheng. ed., *Chinese Foreign Policy: Pragmatism and Strategic Behavior*. New York: East Gate Book, 2004.

Zhimin, Chen. "Nationalism, Internationalism and Chinese Foreign Policy," *Journal of Contemporary China*, v. 14, n. 42, February 2005.

Zhongying, Pang "China's Changing Attitude to UN Peacekeeping," *International Peacekeeping*, v.12, n. 1, Spring 2005.

英文學位論文

Little, George E. "Serving the National Interest or the National Identity? Explaining Member State Participation in the United Nations Peace Operation," *PhD Dissertation of Graduate School of Arts and Science of Georgetown University*, May 2000.

Staehle, Stefan. "China's Participation in the United Nations Peacekeeping Regime," *Master Thesis of The Elliott School of International Affairs of The George Washington University*, May 2006.

英文官方文件

Boutros-Ghali, Boutros. *An Agenda for Peace: Preventive Diplomacy, Peacemaking and Peacekeeping*. New York: United Nations, 1992.

UN Charter, Article 39.

UN Secretary-General Report, A/55/305-S/2000/809, August 2000.（Brahimi Report）http://www.un.org/peace/reports/peace_operations/（2008/3/1 查詢）

UN website: http://www.un.org/Depts/dpko/dpko/faq/q1.htm
http://www.un.org/Depts/dpko/rapid/TORRDL.html（2008/2/26 查詢）

UN Department of Peacekeeping Operations. *United Nations Peacekeeping Operations: Principles and Guidelines*. New York: United Nations, March 2008.http://pbpu.unlb.org/pbps/Library/Capstone_Doctrine_ENG.pdf
（2008/5/29 查詢）

英文報紙與網路資料

Crossette, Barbara. "China Takes a Slap at Haiti," *New York Times*, March 3, 1996.http://query.nytimes.com/gst/fullpage.html?res=9B0DE3D91E39F9 30A35750C0A960958260&sec=&spon（2008/4/2 查詢）

Geeraerts, Gustaaf. Zhimin, Chen. and Macaj, Gjovalin. "China, the EU and the UN Security Council Reform," *BICCS Background Paper*, November 1, 2007.
http://www.vub.ac.be/biccs/documents/Asia_paper_Macaj_2007_China_t he%20EU_and_UN_Security_Council_Reform_Asia_Paper_vol_2__6_B ICCS_Brussels.pdf（2008/3/24 查詢）

Greenlees, Donald. "China and India leading a surge in missile forces," *International Herald Tribune*, September 20, 2007, pp. 1&5.

Jackson, Rebecca "China Playing Major Part in Global Peacekeeping,"
　　Malaysia Sun, December 23, 2007.
　　http://story.malaysiasun.com/index.php/ct/9/cid/ed68ecccb9e5520c/id/31
　　1747/cs/1/（2008/3/31 查詢）

Klingstedt, Anna. "UN Peacekeeping Operations: Chinese and Western
　　Perspectives," *Institutt for forsvarsstudier*, November 7, 2007.
　　http://www.mil.no/felles/ifs/start/arrangementer_ifs/seminar_07/article.jht
　　ml?articleID=147464（2008/3/24 查詢）

Lague, David. "News Analysis: An Increasingly Confident China Lends Clout
　　to UN," *International Herald Tribune*, September 19, 2006.
　　http://www.iht.com/articles/2006/09/19/news/china.php（2008/3/31 查詢）

Lynch, Colum. "China Filling Void Left by West in UN Peacekeeping," *The
　　Washington Post*, November 24, 2006, A12.

Pham, Peter. "Pandas in the Heart of Darkness: Chinese Peacekeepers in
　　Africa," *World Defense Review*, October 25, 2007.
　　http://worlddefensereview.com/pham102507.shtml（2008/3/23 查詢）

Rater, Philippe. "Haiti gets caught up in China-Taiwan standoff," *Agence
　　France-Presse*, May 30, 2005.
　　http://www.caribbeannetnews.com/2005/05/30/standoff.shtml（2008/4/2
　　查詢）

Takeda, Yasuhiro. "International Peace Operations by Japan and China: Are
　　Modernization and Restructuring of the Military Forces a Double-Edged
　　Sword?" *paper presented in Silk Road Studies Program Conference*,
　　March 8-9, 2007.
　　http://www.silkroadstudies.org/new/inside/forum/CM_tokyo2006/papers/
　　paper_TAKEDA.pdf（2008/3/24 查詢）

Wei, Yan. "A Heftier Price Tag," *Beijing Review*, January 29, 2007.
　　http://www.bjreview.com.cn/print/txt/2007-01/29/content_53993.htm
　　（2008/3/24 查詢）

國家圖書館出版品預行編目

變革與合作：中國參與聯合國維和行動之研究
／李俊毅著. -- 一版 . -- 臺北市：秀威資
訊科技，2009.01
　　面；　　公分. --(社會科學類；AF0104)
BOD 版
ISBN 978-986-221-151-9(平裝)

1. 中國外文 2. 國際維和行動

574.18　　　　　　　　　　97025621

 社會科學類　AF0104

變革與合作
——中國參與聯合國維和行動之研究

作　　者 / 李俊毅
發 行 人 / 宋政坤
執行編輯 / 詹靚秋
圖文排版 / 姚宜婷
封面設計 / 莊芯媚
數位轉譯 / 徐真玉　沈裕閔
圖書銷售 / 林怡君
法律顧問 / 毛國樑　律師
出版印製 / 秀威資訊科技股份有限公司
　　　　　　台北市內湖區瑞光路 583 巷 25 號 1 樓
　　　　　　電話：02-2657-9211　　　　傳真：02-2657-9106
　　　　　　E-mail：service@showwe.com.tw
經 銷 商 / 紅螞蟻圖書有限公司
　　　　　　台北市內湖區舊宗路二段 121 巷 28、32 號 4 樓
　　　　　　電話：02-2795-3656　　　　傳真：02-2795-4100
　　　　　　http://www.e-redant.com

2009 年 1 月 BOD 一版
定價：300 元

讀 者 回 函 卡

感謝您購買本書，為提升服務品質，煩請填寫以下問卷，收到您的寶貴意見後，我們會仔細收藏記錄並回贈紀念品，謝謝！

1. 您購買的書名：＿＿＿＿＿＿＿＿＿＿＿＿＿＿＿＿＿

2. 您從何得知本書的消息？

□網路書店 □部落格 □資料庫搜尋 □書訊 □電子報 □書店

□平面媒體 □ 朋友推薦 □網站推薦 □其他＿＿＿＿＿

3. 您對本書的評價：(請填代號 1.非常滿意 2.滿意 3.尚可 4.再改進)

封面設計＿＿ 版面編排＿＿ 內容＿＿ 文/譯筆＿＿ 價格＿＿

4. 讀完書後您覺得：

□很有收獲 □有收獲 □收獲不多 □沒收獲

5. 您會推薦本書給朋友嗎？

□會 □不會，為什麼？＿＿＿＿＿＿＿＿＿＿＿＿＿＿＿

6. 其他寶貴的意見：＿＿＿＿＿＿＿＿＿＿＿＿＿＿＿＿＿

＿＿＿＿＿＿＿＿＿＿＿＿＿＿＿＿＿＿＿＿＿＿＿＿＿＿

＿＿＿＿＿＿＿＿＿＿＿＿＿＿＿＿＿＿＿＿＿＿＿＿＿＿

＿＿＿＿＿＿＿＿＿＿＿＿＿＿＿＿＿＿＿＿＿＿＿＿＿＿

讀者基本資料

姓名：＿＿＿＿＿＿＿＿＿ 年齡：＿＿＿ 性別：□女 □男

聯絡電話：＿＿＿＿＿＿＿ E-mail：＿＿＿＿＿＿＿＿＿

地址：＿＿＿＿＿＿＿＿＿＿＿＿＿＿＿＿＿＿＿＿＿＿＿＿

學歷：□高中(含)以下 □高中 □專科學校 □大學

□研究所(含)以上 □其他＿＿＿＿＿＿＿＿

職業：□製造業 □金融業 □資訊業 □軍警 □傳播業 □自由業

□服務業 □公務員 □教職 □學生 □其他＿＿＿＿＿

（請沿線對摺寄回,謝謝!）

秀威與 BOD

BOD（Books On Demand）是數位出版的大趨勢，秀威資訊率先運用 POD 數位印刷設備來生產書籍，並提供作者全程數位出版服務，致使書籍產銷零庫存，知識傳承不絕版，目前已開闢以下書系：

一、BOD 學術著作—專業論述的閱讀延伸
二、BOD 個人著作—分享生命的心路歷程
三、BOD 旅遊著作—個人深度旅遊文學創作
四、BOD 大陸學者—大陸專業學者學術出版
五、POD 獨家經銷—數位產製的代發行書籍

BOD 秀威網路書店：www.showwe.com.tw
政府出版品網路書店：www.govbooks.com.tw

永不絕版的故事‧自己寫‧永不休止的音符‧自己唱